Les saisons du deuil

La mort tisserande de la vie

Données de catalogage avant publication (Canada)

Jacques, Josée

Les saisons du deuil

(Collection Psychologie)

ISBN 2-7640-0560-1

1. Deuil – Aspect psychologique. 2. Perte (Psychologie). 3. Mort – Aspect psychologique. I. Titre. II. Collection: Collection Psychologie (Éditions Quebecor).

BF575.G7J32 2002 155.9'37 C2001-941610-5

LES ÉDITIONS QUEBECOR
7, chemin Bates
Bureau 100
Outremont (Québec)
H2V 1A6
Téléphone: (514) 270-1746

Bibliothèque nationale du Québec
Bibliothèque nationale du Canada
ISBN 2-7640-0560-1

Éditeur: Jacques Simard
Coordonnatrice de la production: Claire Morasse
Conception de la couverture: Bernard Langlois
Photo de la couverture: Artville
Révision: Francine St-Jean
Infographie: Composition Monika, Québec

Nous reconnaissons l'aide financière du gouvernement du Canada par l'entremise du Programme d'Aide au Développement de l'Industrie de l'Édition pour nos activités d'édition.

Gouvernement du Québec – Programme de crédit d'impôt pour l'édition de livres – Gestion SODEC.

Imprimé au Canada

Josée Jacques,
psychologue

Les saisons du deuil

La mort tisserande de la vie

LES ÉDITIONS
Quebecor

À Alfred, Daniel, Simon et Michel,
sources de vie...

Si les saisons sont rarement à l'heure, jamais elles ne manquent leur tour. Chacune finit toujours par éclore, puis cède la place en se fondant dans la suivante. Pourquoi cette ronde ininterrompue donne-t-elle une impression de sécurité et d'expectative à la fois ?

Claude Servan-Shreiber, *L'invitation au jardin*, Paris, Flammarion, 2001, p. 126.

REMERCIEMENTS

Je remercie tout particulièrement Michel Montpetit pour sa confiance et sa douce présence, qui m'ont apporté la sécurité et le calme nécessaires à l'écriture.

Merci aux personnes qui contribuent à donner sens à ma vie: les membres de ma famille et mes amis. Merci à Josée Dugas, Évelyne Lapierre, Luc Houle, Josée Desbiens, Andrée Chalifoux, Danielle Picard, Michel Lymberner, Cécile Tessier, Élaine Ouellet, Céline Fortin et Daniel Bergeron, qui ont ponctué ces «quatre saisons» de moments de bonheur.

Je ne saurais oublier Laura, celle qui m'a accompagnée pendant les saisons printanière et estivale, celle qui me donne envie d'offrir le meilleur de moi-même...

AVANT-PROPOS

Je chéris ce livre depuis longtemps. Il vise à venir en aide à toutes les personnes qui ont ou qui auront un jour à vivre les saisons du deuil.

Bien que l'écriture m'ait ramenée aux tumultes de mes propres transitions, elle a aussi été source de sérénité pendant ma grossesse. Pourtant, depuis quelques semaines, la perte prend une tout autre ampleur. Alors que l'écriture de ce livre prend fin, j'ai donné naissance à une fille. L'amour est si grand que j'ai peine à imaginer la séparation, la finitude possible de cette vie nouvelle. Or, elle est potentielle. Là où il y a vie, il y a mort possible. Tragique destin que cette mort tisserande de la vie...

J'ai alors l'impression que ce travail d'écriture est bien futile. Comment un livre peut-il être aidant quand un amour si grand est volé par la mort? On peut bien la surnommer la Grande Faucheuse! Le doute s'installe.

Pourtant, mon travail de psychologue auprès des personnes endeuillées m'a permis de constater que les connaissances et une démarche personnelle permettent de passer du «sombre automne au printemps bourgeonnant de vie».

Ainsi, je vous propose ces quatre saisons du deuil: les tumultes si intenses de l'automne, le froid de l'hiver, le retour de la vie au printemps et les plaisirs de l'été. Chacune des saisons explique les bienfaits des «tâches» à réaliser lors d'un deuil.

Le nageur ne peut apprendre à nager dans les livres; la pratique est nécessaire. La personne qui désire vivre les saisons du deuil doit, elle aussi, joindre à sa lecture des exercices pratiques. Souvent, l'objectif des exercices proposés semble obscur; des résistances se manifestent. Pourtant, tout ceux qui ont fait ces exercices ont constaté qu'ils ont été significatifs dans la progression de leur deuil.

Je n'ai pas la prétention d'offrir la recette miracle pour s'affranchir de la douleur de la perte. Celle-ci se transforme au fil du temps. Il suffit de savourer chacune des saisons...

LORSQUE LE TEMPS S'ARRÊTE

Rondeur des jours

« Les jours commencent et finissent dans une heure trouble de la nuit. Ils n'ont pas la forme longue, cette forme des choses qui vont vers des buts : la flèche, la route, la course de l'homme. Ils ont la forme ronde, cette forme des choses éternelles et statiques : le soleil, le monde, Dieu. La civilisation a voulu nous persuader que nous allions vers quelque chose, un but lointain. Nous avons oublié que notre seul but, c'est vivre et que vivre, nous le faisons chaque jour et tous les jours et qu'à toutes les heures de la journée, nous atteignons notre but véritable si nous vivons. Tous les gens civilisés se représentent le jour comme commençant à l'aube ou un peu après, ou longtemps après, enfin, à une heure fixée par le début de leur travail ; qu'il s'allonge à travers leur travail, pendant ce qu'ils appellent « toute la journée » ; puis qu'il finit quand ils ferment les paupières. Ce sont ceux-là qui disent : les jours sont longs.

« Non, les jours sont ronds.

« Nous n'allons vers rien, justement parce que nous allons vers tout, et tout est atteint du moment que nous allons tous nos sens prêts à sentir. Les jours sont des fruits et notre rôle est de les manger, de les goûter doucement ou voracement selon notre nature propre, de profiter de tout ce qu'ils contiennent... d'en faire notre chair spirituelle et notre âme, de vivre. Vivre n'a pas d'autre sens que ça.

« Tout ce que nous propose la civilisation, tout ce qu'elle nous apporte, tout ce qu'elle nous apportera, rien n'est rien si nous ne comprenons pas qu'il est plus émouvant pour chacun de nous de vivre un jour que de réussir en avion le raid sans escale Paris-Paris autour du monde. »

Jean Giono, *L'eau vive*, Paris, Éditions Gallimard, 1943, p. 114.

1. Assister aux funérailles

Il était une fois un temps qui s'était arrêté, qui avait suspendu son vol, qui s'était figé en quelque sorte, pulvérisant les instants où ça se passait. Je devrais dire, annihilant la conscience des instants où ça s'est passé, cette fois-là.

Madeleine Gagnon, *Le deuil du soleil*,
Montréal, VLB éditeur, 1998, p. 55.

Les funérailles constituent un temps d'arrêt marquant la perte d'un être aimé, d'un être significatif. Il s'agit d'une cérémonie en l'honneur du défunt. Elles se déroulent habituellement selon des normes religieuses ou selon les valeurs des proches.

Les funérailles contribuent à faciliter le deuil de plusieurs façons. En effet, les funérailles permettent:

- de confirmer la mort;
- de se rendre compte de la perte entraînée par la mort;
- d'exprimer ses sentiments et ses émotions;
- de recevoir un soutien social;
- de se rappeler les qualités et l'unicité de la personne décédée;
- de donner un caractère spirituel et sacré à la mort;
- de réfléchir au sens de la mort dans notre vie.

Les funérailles sont vécues différemment selon chaque individu et la relation qu'il entretenait avec le défunt. À cet effet, chacun devrait avoir en tête certaines directives comme:

- Je n'ai pas à jouer les braves.
- Je peux pleurer et exprimer mes émotions.
- J'évite de blâmer ou de culpabiliser les autres.

- Je mange bien.
- Je me garde un nombre suffisant d'heures de sommeil.
- Je minimise la consommation de drogue ou d'alcool.
- Je donne un sens au rituel funéraire.

Plusieurs individus ont tendance à rejeter les rituels funéraires. « Cela rend la perte plus difficile, trop d'hypocrites s'y présentent ou encore cela n'a pas de sens », se disent-ils. Pourtant, l'expression émotive, quoique souffrante, permet habituellement de faciliter le deuil. Parallèlement, chacun a la responsabilité d'être authentique et de donner un sens à ce qu'il vit.

Ainsi, n'hésitez pas à respecter vos émotions, vos désirs et vos valeurs, peu importe ce que peuvent penser les autres. En effet, vous êtes la personne la plus apte à vivre les funérailles pour qu'elles soient bénéfiques pour vous. Permettez-vous de donner une touche personnelle à un rituel funéraire. Oser être soi indépendamment des circonstances, voilà ce qui importe !

2. Choisir l'exposition du corps

Quand l'incompréhensible se manifeste, la capacité de voir demeure un privilège.

Plusieurs personnes s'interrogent sur les bienfaits ou les méfaits de l'exposition du corps du défunt. Elles craignent l'expression d'émotions intenses suscitées par le contact avec le corps mort et le souvenir persistant de cette image inanimée de l'être cher.

Les psychologues et les gens qui travaillent auprès des personnes endeuillées reconnaissent que la vue du corps, si pénible soit-elle, facilite la progression du deuil, et ce, pour deux principales raisons.

1. La vue du corps aide à accomplir une des premières tâches de l'endeuillé: reconnaître la réalité de la mort. L'individu qui voit l'être cher mourir ou encore qui passe quelques instants en présence du corps mort a plus de facilité à prendre conscience de la perte et à intégrer son caractère définitif: l'être cher n'est plus.

2. La vue du corps favorise l'expression émotive. Être en présence de l'être cher inanimé suscite habituellement une expression émotive intense et, par le fait même, un apaisement ultérieur. Être en contact avec le corps met en évidence une réalité qui risquerait de continuer à affecter l'individu de façon diffuse.

Or, ce contact avec le corps mort peut se faire de maintes façons. Ainsi, le choix de l'inhumation ou de la crémation ne devrait pas influer sur la décision de voir ou non le corps.

L'exposition en salon funéraire demeure la formule la plus simple. Elle est à privilégier pour bénéficier des derniers moments en présence du défunt. Certains, pour des circonstances inhérentes à la nature du décès ou encore par choix, décideront d'omettre ce type de rituel funéraire. Si l'exposition n'a pas lieu, il est suggéré de représenter le défunt par divers symboles (photos, bougies, jouets, objets significatifs, etc.) pour permettre aux personnes affectées par la perte de bénéficier d'un temps d'arrêt, de recevoir des témoignages d'amour et du soutien des autres.

Il arrive que la personne endeuillée souhaite répondre aux volontés du défunt (qui ne voulait pas se faire exposer, par exemple) et qu'elle aille à l'encontre de ses désirs personnels. Rappelons-nous que les besoins à combler sont maintenant ceux des proches, encore vivants.

3. Inhumer ou incinérer le corps

Dans ta mort, comme dans toute disparition, il y a de l'inconnu et du souffrant. Jour après jour, je sépare l'un de l'autre: ils ne se confondent pas. La souffrance sécrète du noir, l'inconnu engendre de la lumière.

Christian Bobin, *Autoportrait au radiateur*, Paris, Éditions Gallimard, 1997, p. 44.

Plusieurs individus s'interrogent lorsqu'ils réfléchissent à leur propre mort ou lorsque survient la mort d'un proche. Quoi choisir: l'inhumation ou la crémation? Pourtant, un de ces choix n'exclut pas l'autre.

L'inhumation est la mise en terre du corps. Plusieurs associent cette disposition du corps exclusivement à l'embaumement. Or, il est aussi possible de mettre les cendres en terre. En effet, lors de la crémation, les cendres sont déposées dans une urne. Celle-ci peut être mise en terre ou apportée à la maison. Elle peut aussi être déposée dans une niche du columbarium, soit un édifice construit pour abriter des urnes.

La disposition des cendres se fait souvent selon les volontés exprimées par une personne avant sa mort ou encore selon les désirs des proches. Jusqu'à maintenant, aucune pratique n'a été reconnue comme étant plus bénéfique pour le processus de deuil. De plus, la crémation ne contrevient habituellement pas aux différentes croyances religieuses.

La décision réside donc davantage dans le choix d'exposer et d'accompagner la crémation de rituels significatifs ou non. Plusieurs ont tendance à ne pas exposer le corps de la personne décédée lorsqu'ils optent pour l'incinération. Pourtant, à cet effet, plusieurs intervenants dans le milieu du deuil confirment que les rituels funéraires et la vue du corps exposé s'avèrent bénéfiques pour les personnes endeuillées.

Ainsi, le choix de l'inhumation ou de la crémation ne devrait pas influer sur la décision d'exposer ou non le corps. Ne serait-ce que pendant quelques heures, cette pratique favorise la prise de conscience de la mort et son caractère définitif. Les gens qui bénéficient d'un lieu et d'un temps pour exprimer leurs émotions et pour recevoir le soutien des proches favorisent leur démarche de deuil ultérieure. Ce sont les rituels qui sont bénéfiques en soi. Ainsi, la remise des cendres ou une prière au columbarium peuvent aussi être favorables au déroulement du deuil. Mais au fait, pourquoi attendre de vivre un deuil pour intégrer des rituels à notre quotidien?

4. Respecter ses valeurs

Nous ne sommes que de passage sur cette planète, et ce passage ne durera que 90 ou 100 ans, au mieux. Pendant cette période de temps, il nous faut accomplir quelque chose de bien, rendre notre vie utile. Soyez en paix avec vous-même et permettez aux autres de trouver cette paix. Si vous participez au bonheur des autres, vous découvrirez le but véritable, le sens de la vie.

Le dalaï-lama, dans Roger Walsh, *Les chemins de l'éveil*, Montréal, Éditions Le Jour, 2000, p. 157.

Chacun développe au cours de sa vie un système de croyances qui l'aide à poursuivre sa route et donne une orientation à son quotidien. Il peut s'agir de valeurs religieuses, spirituelles, philosophiques, etc. Habituellement, les valeurs peuvent être reliées à une des dimensions suivantes: justice, philanthropie, célébrité, plaisir, sagesse, honnêteté, liberté, richesse, amour, puissance, esthétisme, santé, savoir, foi, action, paix.

Lors de la mort d'un être cher ou du deuil qui s'ensuit, plusieurs personnes sont confrontées à leurs croyances, à leurs valeurs. Par exemple, vous appréciez particulièrement la reconnaissance sociale, mais voilà que votre frère est le liquidateur. Vous avez toujours cru en Dieu mais depuis la mort subite de votre enfant, vous doutez de Lui. Depuis plusieurs années, la connaissance et le savoir donnent un sens à votre vie. Or, depuis le décès d'un être cher, plus rien ne vous intéresse...

La période de deuil est toute désignée pour clarifier ce qui est important pour soi, pour redéfinir ses valeurs. Certains individus, dans de telles périodes, tentent d'imposer leurs valeurs ou leurs croyances aux personnes endeuillées. Ainsi, une dame racontait qu'un intervenant de la santé lui avait dit qu'elle empêchait l'âme de son mari défunt de quitter ce monde par ses pleurs.

Cet intervenant lui a fait part de ses croyances. Pourtant, personne ne détient la vérité absolue sur l'après-mort. Vivre et tirer des bienfaits de ses croyances est respectable, tant qu'on ne les impose pas aux autres. Une personne endeuillée est déjà assez bouleversée dans ses valeurs pour qu'on lui en offre d'autres qui viennent la tourmenter davantage. En effet, depuis, cette dame ressent non seulement sa peine, mais la culpabilité et l'anxiété de retenir l'âme de son mari !

Une pièce de théâtre médiévale anglaise, *Everyman*, nous sensibilise bien à l'importance de certaines valeurs. Everyman, le personnage principal, apprend de l'ange de la mort que son heure a sonné. Everyman sombre dans le désespoir. Il se tourne alors vers divers personnages symboliques représentant des valeurs afin qu'ils lui viennent en aide. Aucun des personnages (la beauté, l'amitié, la richesse, etc.) n'accepte de l'accompagner, à l'exception d'un seul: « Bonnes actions ou conduite éthique ». La pièce précise ainsi que seules les bonnes actions ou la conduite éthique allègent la vie aussi bien que la mort.

Or, un proverbe dit: « L'enfer est pavé de bonnes intentions. » Ainsi, à chacun d'être vigilant et de trouver les bonnes intentions qui ont du sens pour lui. Se faire confiance est ce qui importe le plus. Chacun sait au fond de lui ce qui est bon ou non... et ce, qu'il vive un deuil ou pas !

5. Créer un hommage à la personne décédée

Quand apparaît l'être que j'aime, une mélodie résonne en moi. [...] Quand il s'en va, je déborde de sa musique et de la mienne qui ne se gênent pas mais se complètent.

Maria Paz Marino, « Libre enfin ! », dans Anthony de Mello, *Guide et témoin de la lumière*, Montréal, Bellarmin, 1997, p. 47.

Perdre une personne aimée suscite plusieurs émotions : tristesse, colère, culpabilité, anxiété, etc. Les rituels funéraires favorisent souvent l'expression de ces émotions et s'avèrent, à cet effet, sains pour l'évolution du processus de deuil. Un des rituels funéraires, fréquemment pratiqué par les personnes endeuillées et significatif pour elles, consiste à rendre hommage à la personne décédée.

Il s'agit de partager avec les gens présents le caractère unique du défunt. Cela peut être les apprentissages faits grâce à lui, les souvenirs laissés par son passage dans notre vie, les qualités qui le caractérisaient, les valeurs qu'il a su transmettre, des anecdotes, etc.

Cet hommage peut se faire par le biais de la lecture d'un texte écrit, d'un témoignage spontané des gens présents, ou encore d'un montage de photographies. Ainsi, l'hommage peut être offert par une seule personne ou par plusieurs. De plus, la personne qui a écrit ou créé l'hommage n'est pas nécessairement celle qui le lit ou qui le partage avec les autres. En effet, certains craignent de s'exprimer en groupe alors que d'autres ont moins de talent pour écrire mais souhaitent faire la lecture...

Il peut donc s'agir d'une personne désignée antérieurement (un parent, un ami, un prêtre, etc.) qui accepte ou souhaite faire cet hommage à l'ensemble des personnes présentes et touchées par cette mort.

Souvent, les gens désirent garder cet hommage en souvenir. Des photocopies du texte lu ou encore une photographie des montages visuels peuvent être réalisées et remises aux gens.

Mais au fait, pourquoi attendre que les gens décèdent pour faire un hommage ? Réfléchir sur les bienfaits d'une relation ou les qualités d'une personne et partager ces réflexions lors d'un souper ou d'un anniversaire... n'est-ce pas là une pratique qui peut favoriser un rapprochement entre les gens ?

6. Intégrer les enfants aux rituels de la mort

Le chagrin cadenassé ne s'assèche pas de lui-même, il grandit, s'envenime, il se nourrit de silence, en silence il empoisonne sans qu'on le sache.

Anne Duperey, *Le voile noir*, Paris, Éditions du Seuil, 1992, p. 77.

Les adultes ont souvent tendance à éloigner les enfants du chevet du mourant ou encore des rites funéraires. Or, même si ces moments sont particulièrement chargés d'émotions, ils constituent des étapes importantes dans le processus de deuil. La présence de l'enfant au salon funéraire et aux funérailles est de nature à l'aider à saisir et à accepter la réalité de la perte. Il faut toutefois agir avec discernement et respecter le choix de l'enfant. De plus, avant sa participation aux différents rituels, un adulte devrait prendre soin de lui expliquer de façon détaillée le déroulement de ce qu'il va vivre ainsi que de ce qu'il verra.

En participant aux rituels, l'enfant a le sentiment de faire partie de la famille; il ne se sent pas mis à l'écart. Il peut aussi, à cette occasion, aller chercher du soutien et de l'affection auprès des personnes présentes. Enfin, il constate la réalité de la mort et délaisse les pensées magiques qu'il a pu entretenir.

Si l'enfant ne se sent pas capable d'aller aux funérailles ou de participer aux rites sociaux ou religieux d'adieu à la personne décédée, on peut lui en proposer d'autres. Il peut s'agir d'allumer une bougie, de faire un montage de photos, de partager un repas commémoratif, de dresser un petit autel pour le défunt, de planter un arbre, de dire une prière, etc. L'important est de respecter les volontés de l'enfant et de ne pas le culpabiliser en lui disant que c'est sa dernière chance de voir le défunt, par exemple.

Mais avant de penser à intégrer les enfants aux rituels de la mort, assurons-nous, initialement, de bien les intégrer à la vie... Tous les moments peuvent en soi devenir de petits rituels, uniques et significatifs, pendant lesquels on leur offre une qualité de présence.

7. Déterminer ses peurs

Il est impossible d'avancer dans la vie sans assumer des pertes importantes, que ce soit des êtres proches, des possessions qui nous sont chères, ou des rêves devenus impossibles.

Jean-Luc Hétu, *L'humain en devenir*, Montréal, Fides, 2001, p. 35.

Nous allons tous mourir: voilà une certitude et un élément de justice pour tous. Pourtant, très souvent, la mort suscite des réactions anxiogènes chez plusieurs individus. Les gens n'osent pas en parler. La mort fait peur...

La technologie et la médecine n'ont toujours pas vaincu la mort et malgré les pratiques visant à la masquer, elle continuera toujours d'exister.

Au fil des décennies, plusieurs valeurs se sont transformées. L'homme se retrouve de plus en plus seul: les attaches familiales, sociales et religieuses qui le reliaient autrefois aux autres ont disparu. Il prône la liberté et l'indépendance. Pourtant, cette liberté et cette indépendance ne viennent pas contrer son angoisse existentielle de se retrouver seul devant la mort.

Habituellement, la maladie et le vieillissement amènent l'individu à réfléchir sur la réalité de sa propre mort. La peur et l'anxiété sont les réactions émotives les plus fréquentes. Certains tentent d'atténuer leur angoisse par un usage abusif de psychotropes, d'autres sombrent dans un état dépressif, alors que les plus privilégiés font une relecture de vie, ressentent de la quiétude ou de la satisfaction.

Toutefois, de façon générale, les peurs qui entourent la mort sont les mêmes pour tous: peurs reliées à la souffrance, à la perte des personnes aimées et à la non-terminaison de ses projets, de sa «mission» sur terre. Ces peurs sont normales, mais nous pouvons les atténuer.

Tentez de déterminer celles qui vous caractérisent le plus. Que pouvez-vous faire, ici et maintenant, pour apprivoiser ces peurs? S'il vous restait trois jours à vivre... que feriez-vous? Pourquoi attendre la fin de votre vie pour ces réalisations? Il vous reste peut-être plusieurs années pour profiter de ces actions que vous pourriez accomplir aujourd'hui.

8. Prendre des décisions

Savoir qu'on va mourir et se préparer comme si cela pouvait arriver à tout moment. C'est mieux. Cela permet, en fait, d'être infiniment plus vivant tant qu'on vit.

Mitch Albom, *La dernière leçon*, Paris, Éditions Robert Laffont, 1998, p. 98.

Plusieurs décisions sont à prendre lors de la mort d'un être cher. Lorsque des préarrangements funéraires ont été faits, les tâches sont souvent simplifiées. Il ne reste qu'à exécuter les demandes du défunt; les décisions sont alors minimisées.

Lorsqu'il n'y a aucun préarrangement, mais que des demandes spécifiques ont été transmises oralement par la personne avant son décès, plusieurs possibilités s'offrent à la personne endeuillée. Elle peut respecter ou modifier les demandes faites par la personne avant sa mort. Si les demandes faites correspondent au choix des survivants, il ne suffit que de les respecter.

Or, il arrive que la personne décédée ait fait des demandes qui ne correspondent pas aux volontés des survivants. Par exemple, elle a pu manifester son désir de ne pas être exposée pour éviter de fatiguer les gens qu'elle aime ou de leur causer du souci. Au contraire, les survivants peuvent vouloir bénéficier d'un temps et d'un lieu privilégié, comme le favorise l'exposition du corps, pour exprimer leur peine et recevoir du soutien.

Une question se pose souvent: faut-il respecter les volontés du défunt ou des survivants? Aller à l'encontre des volontés du défunt engendre, pour certains, un sentiment de culpabilité. Or, habituellement, il vaut mieux respecter la volonté des survivants, particulièrement si elle est appuyée par une justification de ses bienfaits par les différents intervenants auprès des endeuillés. Dans l'exemple précédent, nous savons que les rituels funéraires sont bénéfiques pour le deuil. Chacun souhaite habituellement le bonheur de ses survivants. À eux de trouver ce qui leur est le plus profitable!

Le personnel des maisons ou des coopératives funéraires peut servir de guide dans ces prises de décisions. Or, une chose est certaine, il vaut mieux éviter de prendre des décisions trop rapidement. Il est toujours possible de consulter une personne de confiance avant d'opter pour un choix définitif. Prendre des décisions éclairées, n'est-ce pas une sage résolution?

9. Accueillir son état

> *Apprivoiser la mort ou faire un deuil, cela ne signifie pas ne plus avoir d'émotions, c'est plutôt les reconnaître et les vivre sans défense. Le courage de vivre me semble là, et cela ne m'est pas si évident.*
>
> Anne Duperey, *Je vous écris*, Paris, Éditions du Seuil, 1993, p. 206.

Souvent, la personne qui vient de perdre un être cher ressent une panoplie d'émotions. Ces émotions, quoique non indispensables, font partie du chemin qui mène à un mieux-être. La peur, l'ahurissement, la peine, la culpabilité, la colère, etc., peuvent tous s'entremêler, arriver à l'improviste et disparaître pour mieux rejaillir.

Or, la personne qui ressent des émotions est encore vivante! Si elle tente de fuir ses émotions et la souffrance qui les accompagne, les émotions demeureront tapies au plus profond d'elle pour revenir plus tard. Il vaut donc mieux accueillir une émotion lorsqu'elle se présente. En effet, sans s'y enliser, il est préférable de se permettre de ressentir un état émotif plutôt que de chercher à l'anesthésier par des psychotropes ou le refouler.

Parallèlement, certains individus se sentent diminués dans leur valeur personnelle lors d'une perte. Ils sont moins productifs qu'auparavant, ils n'apprécient pas leur façon d'être ou de vivre la perte, etc. Il importe que ces individus se rappellent que la souffrance est distincte de leur personne. Sous la souffrance, ils sont encore là. Plutôt que de chercher à la combattre, il ne faut que l'accueillir. Tout comme le rameur d'un canot qui tente d'aller à contre-courant et déploie une grande énergie, chercher à fuir ce qui nous habite est difficile. Suivre le courant et accepter ce qui se présente s'avèrent plus paisibles.

En effet, les gens vivent souvent une double difficulté: en plus de la détresse et de la souffrance, ils cherchent à vaincre ces états et ils n'y arrivent pas. Pourtant, il est normal de souffrir lors d'un deuil. Accepter cette souffrance ne la rend que plus passagère. Facile à dire, proclament certains. Or, personne ne souhaite être malheureux.

Les émotions passent. Un état émotif n'est jamais permanent. Il fluctue en intensité et en contenu. Habituellement, c'est lorsqu'on s'acharne à le vaincre ou à lui résister qu'il se fait plus présent. Accepter, pour une période, d'être moins en forme et différent simplifie le deuil. On ne se bat plus. On perçoit chaque situation comme une occasion d'apprendre. On peut, bien sûr, se demander ce qui serait différent si ça allait mieux. Cela donne des pistes sur l'orientation qu'on souhaite donner à la vie. Or, pour avancer un tant soit peu vers ce mieux-être, il faut initialement préserver son énergie et accueillir son état, dans le moment présent.

10. Accompagner un endeuillé

Aider, c'est reconnaître la vie telle qu'elle se manifeste, c'est aussi l'accueillir et l'accompagner dans son expression.

Jacques Chalifour, *Enseigner la relation d'aide*, Boucherville, Gaëtan Morin éditeur, 1993, p. 81.

Peu de gens savent comprendre et accueillir ce que les autres ressentent et expriment ; rares sont ceux qui savent faire preuve d'empathie. Or, qu'elles soient conscientes ou non, les façons de réagir avec un endeuillé peuvent faciliter son processus de deuil ou, au contraire, y nuire. Pour aider une personne éprouvée et l'accompagner dans la résolution de ses difficultés, il faut donc développer sa capacité d'écoute. Cette faculté, comme celle de faire savoir à l'autre que l'on comprend, n'est pas innée : elle s'acquiert et se développe.

Les principales qualités d'un bon accompagnement de deuil sont la présence, la permissivité, la perspicacité, la patience et la persévérance.

Présence: Il s'agit d'être vraiment là, même dans les moments les plus difficiles, comme les moments de grande détresse, de colère, ou encore de résistance. On parle ici de disponibilité affective, au-delà de la disponibilité physique.

Permissivité: Il faut être à l'aise dans son rôle d'accompagnateur afin de faire sentir à la personne endeuillée qu'elle n'a pas à censurer certaines idées ou certains sentiments. On peut d'ailleurs donner cette permission verbalement, si l'on sent que l'endeuillé se retient. Cela ne veut pas dire pour autant que l'endeuillé verra toutes ses demandes acceptées ou encore qu'il peut se comporter sans aucune restriction.

Perspicacité: L'accompagnateur doit être plus qu'un simple écoutant: il doit utiliser ses connaissances et son expérience pour comprendre le vécu de la personne endeuillée, et pour lui soumettre par la suite cette compréhension.

Patience et persévérance: L'accompagnateur doit faire preuve de patience, puisque la personne endeuillée peut revenir plusieurs fois sur certains faits ou certains sentiments. Quant à la persévérance, elle est requise pour maintenir l'accompagnement sur de longues périodes pendant lesquelles aucune amélioration n'est perceptible.

Ne s'improvise pas accompagnateur d'une personne endeuillée qui veut. S'il est essentiel de connaître les moyens pour favoriser une communication saine, positive et empathique, il est tout aussi important de connaître les réactions à éviter (cliché, interprétation, jugement, réconfort infantilisant, solutions prématurées, etc.).

Développer une relation empreinte d'écoute et d'aide est un art... Comme tout art, cela s'améliore par la pratique. Pourquoi ne pas s'y mettre dès aujourd'hui en étant plus à l'écoute et disponible pour les êtres aimés?

11. Bénéficier de la présence des autres

Ce n'est pas tant l'approche de la fin qui aiguise la conscience, c'est la présence à soi, à l'autre qu'elle exige. Plus question de se dérober, de fuir, de se sauver par trente-six traverses. Tu es là avec ta demande humble, mais pressante – Ne me laisse pas seule. Ce qui m'arrive m'arrive pour la première fois – et je suis là avec le rappel de ma propre échéance, de la relation essentielle à préserver, de la vie à nourrir.

Colette Nys-Mazure, *Célébration du quotidien*, Paris, Desclée de Brouwer, 1997, p. 107.

Lors d'un décès, les proches sont d'un grand secours pour la personne endeuillée. En effet, ils peuvent lui apporter le soutien dont elle a besoin pour surmonter cette épreuve. Or, il arrive que les proches n'aient pas toujours les paroles appropriées pour apaiser la souffrance. La personne endeuillée doit souvent composer avec les maladresses de chacun.

Pour bénéficier de la présence des proches, il importe de déterminer quelles sont les personnes les plus aidantes et de favoriser leur présence. Par ailleurs, les messages clairs permettent aux proches de se situer face aux besoins de la personnes endeuillée. Ainsi, il est possible de dire: «Je n'ai pas envie que tu me dises quoi faire. J'ai juste besoin d'être écouté.» «J'ai trop de peine pour t'entendre me raconter tes expériences de pertes. J'ai plus besoin de parler que de t'écouter.» En effet, trop de personnes évitent de dire ce qu'elles ressentent et restent prises avec leur insatisfaction. Ainsi, à la souffrance de la perte, s'ajoute la peine de ne pas être soutenu par ses proches.

Par ailleurs, la perte d'un être significatif favorise souvent les retrouvailles. Des relations moins significatives veulent manifester leur sympathie. Contrairement à ce que plusieurs pensent, celles-ci peuvent être bénéfiques pour la personne endeuillée. En effet, les connaissances témoignent d'un soutien social précieux. Même si l'intimité est moins présente, la personne endeuillée constate qu'elle n'est pas seule à vivre le deuil et à reconnaître la perte.

Tant les proches que les connaissances peuvent être mal à l'aise devant la souffrance de la personne endeuillée. L'expression émotive et l'intimité que cette souffrance suscite ne sont pas habituelles dans notre culture. Les gens ne savent pas comment réagir devant la vulnérabilité révélée.

Il revient donc à la personne endeuillée de bénéficier de la présence des personnes qui ont du sens pour elle. Elle reconnaîtra les forces et les limites de chacun. Il lui revient d'en tirer profit !

12. Respecter les différentes réactions

Ce qu'on sait de quelqu'un empêche de le connaître. Ce qu'on en dit, en croyant savoir ce qu'on dit, rend difficile de le voir.

Christian Bobin, *Le Très-Bas*, Paris, Gallimard, 1992, p. 14.

Chaque personne réagit différemment lors d'un deuil. À cet égard, il arrive que certains individus jugent les réactions qui diffèrent des leurs ou qui leur semblent inappropriées.

« Comment peut-elle pleurer autant ? Elle qui n'avait pas vu le défunt depuis plusieurs mois ! Quel manque de pudeur que d'exprimer sa peine aussi ouvertement ! Comme il contrôle mal sa colère ! » voilà autant de remarques qui témoignent d'un manque de compréhension et d'un jugement des autres.

Pourtant, les réactions de chacun, aussi diversifiées soient-elles, sont toutes aussi respectables les unes que les autres. En effet, certains individus sont plus expressifs que d'autres. De plus, les émotions dominantes varient selon la relation que la personne endeuillée entretenait avec le défunt. Il existe donc autant de manifestations possibles qu'il existe d'individus.

En permettant à chacun de vivre le deuil comme bon lui semble, nous l'aidons à traverser cette période difficile qui suit la mort d'une personne significative. On ne peut juger de la relation entretenue par chacun avec le défunt. De plus, il arrive que certains pleurent des pertes antérieures, des conflits non réglés, des émotions non partagées... Peu importe, leur réaction est légitime.

Certains ont aussi des idées préconçues sur les réactions qui facilitent ou non le deuil. « Il n'a pas assez pleuré, il aura de la misère à s'en sortir» ou encore « Il pleure trop, il va s'enliser dans sa peine ! » Rien ne détermine avec certitude ce qui est préférable ou non comme réaction. Seule une chose est certaine : l'expression de ce qui jaillit spontanément est de mise. Les façons dont nous répondons à ce que nous vivons sont multiples. Ainsi, tant la rétention que l'expression des émotions sont respectables si elles correspondent à ce qui se manifeste spontanément. À chacun sa personnalité et son histoire personnelle !

13. Dire ou s'abstenir

C'est que l'ego est prisonnier du refus, comme il l'est, ou parce qu'il l'est, de son passé et de lui-même. Le passé survit en effet dans le présent, comme une cicatrice, à proportion de nos blessures, de nos traumatismes, de nos frustrations.

André Comte-Sponville, *De l'autre côté du désespoir*, Paris, Éditions Accarias, 1997, p. 90.

Plusieurs personnes se demandent ce qu'il faut dire ou ne pas dire lors d'un décès. Les formules toutes faites comme «mes sympathies» ou «mes condoléances» sont-elles appropriées? Puis-je m'informer de sujets qui ne sont pas reliés à la mort? Puis-je rire si j'en ai envie? Etc. Il n'y a pas de recette miracle sur ce qui est à prescrire ou à proscrire. La franchise et l'authenticité s'avèrent les meilleures alliées lors d'un décès.

Plusieurs trouvent difficile le moment des condoléances où chacun exprime sa sympathie, fréquemment avec gêne et maladresse. Les gens ont tendance à utiliser des formules toutes faites qui enlèvent le caractère unique de chaque perte. Ces formules peuvent également donner l'impression aux gens qui les reçoivent qu'il s'agit de formules exemptes de véritables sentiments de compassion.

Ainsi, il vaut mieux exprimer simplement son malaise et ses difficultés à communiquer en de telles circonstances. Souvent, une poignée de main chaleureuse, un regard empreint de réconfort sont aussi bénéfiques et appropriées que des formules toutes faites.

Il faut surtout éviter:

- de dire que l'on sait comment les personnes endeuillées se sentent;

- de fuir les personnes endeuillées parce que vous vous sentez mal à l'aise ou impuissant en leur présence;
- de conseiller, de donner des solutions, de dire ce que les personnes endeuillées devraient faire ou ressentir;
- de changer de sujet lorsque la mort est abordée;
- de garder le silence sur le défunt;
- d'utiliser des paroles qui pourraient être culpabilisantes envers les personnes endeuillées;
- de chercher une justification pour la mort (morale, croissance personnelle, etc.).

En fait, pour que les condoléances ou les échanges soient significatifs, il est préférable de privilégier l'expression des émotions, le soutien et l'authenticité.

L'AUTOMNE

Les arbres demeurent

« L'automne est arrivé et il n'a pas attendu que la route se sorte de ses travaux de construction pour nous rendre visite. J'ai même l'impression qu'il est pressé de nous voir tellement il s'est présenté en soufflant fort.

« En l'espace de quelques heures, le paysage qui avait pris tout son temps pour étaler ses couleurs les plus chaudes, se retrouve dépouillé de ses parures multicolores. Le vent souffle, les arbres se tordent, les feuilles se détachent, virevoltent, s'accrochent ici et là et finalement lâchant tout, s'abandonnent au gré du vent capricieux.

« Au cours de l'été, il y eut des vents tout aussi violents, mais les feuilles avaient tenu bon... Les feuilles tombent et pourtant les arbres demeurent. Au printemps prochain, une nouvelle vie refera surface et les arbres auront grandi...

« C'est bien comme cela que ça se passe dans la vie. Tu fais des projets, tu nourris des rêves et voilà que le temps, les événements te les arrachent. Quelques mois plus tard, tu te rends compte que tu es encore là et que tu nourris d'autres projets. Les arbres demeurent... C'est sûrement cela apprendre à vivre et bien vivre, savoir grandir tout comme l'arbre dans chacun des événements que la vie nous apporte. »

Réflexions de Gaston Vachon, Albatros, Thetford Mines.

1. Perdre...

La pluie va cesser et alors... tu vas voir: les fleurs exhalent trois fois plus de parfum à ce moment-là, la terre embaume... c'est rassurant, tu ne trouves pas? Que les choses, enfin, certaines choses obéissent à des règles fixes.

Marie Laberge, *Annabelle*, Montréal, Éditions Boréal, 1996, p. 269.

Tout au long de la vie, de nombreuses pertes jalonnent le quotidien: changement physique, déménagement, départ du foyer familial, rupture amoureuse, maladie, faillite, congédiement, retraite, etc. Ces situations font appel à la capacité de renoncer. Perdre est donc naturel.

Mais comment apprivoiser la perte, plus particulièrement celle reliée à la mort? Quelques mois ou des années après un décès, plusieurs personnes attribuent à cet événement un pouvoir de croissance. Pourtant, cela n'enlève en rien la souffrance présente et l'impression de ne jamais pouvoir retrouver son équilibre lorsqu'un être significatif meurt. Plusieurs s'exclament alors: « Va pour la croissance, mais par des moyens moins douloureux, s'il vous plaît ! »

La mort d'un être cher, prévisible ou non, est rarement choisie. Comment donc profiter du parcours sinueux qui suit la perte pour donner un certain sens à un événement qui en semble dépourvu? Pour y arriver, nous devons nous rappeler certains éléments:

- Nous survivons à une perte et au deuil qui suit. Même si le doute s'installe, nous pouvons être assurés de survivre à la perte. En effet, plusieurs l'ont fait avant nous. Un deuil est un processus, avec un début, un milieu et une fin !

- Pour traverser ce long processus qu'est le deuil, soit la période suivant la perte, nous devons être actifs. En effet, un deuil ne se fait pas seul. Un travail est nécessaire. À cet effet, la personne endeuillée est la plus apte à s'aider lors d'un deuil.
- Nous sommes tenus de vivre le deuil un jour ou l'autre. Il ne s'agit pas de laisser seulement passer le temps, mais bien d'utiliser cette période de temps pour apprivoiser sa nouvelle vie et pour s'y adapter. Souvent, le processus de deuil est réprimé par l'environnement. Il ne faut pas pleurer, ne pas parler du défunt et passer rapidement à une nouvelle vie. « Tourner la page » est souvent l'expression utilisée. Il ne s'agit pas ici de blâmer les autres, puisque chacun réagit de la façon qui lui semble la mieux, mais de reconnaître qu'il est préférable de vivre son deuil sans l'escamoter.
- Le respect de son rythme personnel est prioritaire lors d'un deuil. La relation entretenue avec la personne décédée était unique. Par le fait même, le deuil à la suite de sa mort est unique.
- La durée et l'intensité des manifestations varient selon les individus. Ainsi, même si une émotion apparaît à nouveau alors qu'on la croyait enfin dissipée, nous avançons vers un mieux-être.
- On n'oublie jamais la personne décédée. Toutefois, il arrive un jour où on peut penser à cette personne et l'aimer sans souffrir.
- Il peut être nécessaire de consulter un professionnel de la santé ou d'utiliser les ressources communautaires lors d'un deuil. Si une situation devient insupportable, il ne faut pas hésiter à demander de l'aide.
- Il est possible de retrouver un état de bien-être et un sens à la vie malgré l'absence de l'être significatif.

Exercice: Évaluer sa souffrance

1. Sur une échelle de 0 à 10, évaluez le niveau de souffrance reliée à la perte; 0 étant l'absence de souffrance et 10 le sommet possible de la souffrance.

   0 ÉCHELLE 10

2. Expliquez ce qui vous semble le plus difficile.

   Exemple: Je me sens seul. Je pleure sans cesse. Je n'ai plus d'énergie. Etc.

   ✍*

3. Expliquez pourquoi la souffrance n'atteint pas le chiffre 10 (si tel est le cas).

   Exemple: Je suis en santé. Les membres de ma famille et une bonne amie sont là pour moi. Etc.

   ✍

4. Dites ce qui doit se passer pour que votre degré de souffrance diminue sur l'échelle.

   ✍

5. Quelles actions concrètes accomplirez-vous pour favoriser ce changement?

   ✍

* L'auteure vous propose de noter vos réponses aux questions posées.

2. Distinguer les particularités du deuil à la suite de la mort

Mais qu'advient-il de la vague qui se brise où nulle oreille ne peut l'entendre? C'est ce qui n'a pas été entendu en nous qui entretient nos peines les plus profondes. Et pourtant, c'est cela aussi qui donne forme à notre âme et façonne notre destinée.

Khalil Gibran, *Le jardin du prophète*, Paris, Éditions Mille et une nuits, 2000, p. 8.

Le mot «deuil» vient du latin, *dolore*, et signifie souffrance. Différents types de pertes peuvent engendrer de la souffrance et être à l'origine d'un deuil: congédiement, divorce, maladie, émigration, mort, etc. Or, pour plusieurs, le deuil inhérent à la mort d'un être significatif est le plus souffrant. Comment expliquer ce fait?

Il existe principalement trois distinctions entre le deuil à la suite d'un décès et les autres formes de deuil.

1. *La mort est permanente et irréversible.* Il n'y a aucune possibilité de retour et il est impossible de souhaiter que le défunt retrouve la vie. Dans les autres types de deuil, il y a souvent place pour un espoir: la perte sera peut-être de courte durée ou réversible (retourner au travail, se réconcilier avec le partenaire amoureux, recouvrer la santé, etc.).
2. *La mort demeure mystérieuse et inconnue.* Certains témoignages tentent d'élucider la nature et l'expérience de la mort. Or, il est impossible de savoir exactement en quoi elle consiste. Ainsi, la personne endeuillée à la suite d'un décès se retrouve avec une difficulté supplémentaire pour progresser dans son deuil. Elle ne peut pas bénéficier du contact et des

explications du défunt. Dans les autres types de deuil, les échanges sont possibles avec l'employeur, l'ancien conjoint, le médecin, etc.

3. *La mort d'une personne significative nous rappelle notre propre mort.* La mort, tout comme les autres types de deuil, nous rappelle le changement. Par ailleurs, elle nous met aussi en contact avec la finitude de la vie. Le sens de l'existence et nos valeurs sont alors redéfinis de façon générale.

Ainsi, quoique toutes les pertes puissent être douloureuses, chacune d'entre elles suscite un deuil particulier selon sa nature.

S'il est trop difficile de vivre le deuil seul, il est toujours possible de se faire aider. Différentes ressources existent pour venir en aide aux personnes endeuillées, particulièrement à la suite de la mort d'un être significatif. Accepter l'aide des autres, n'est-ce pas une attitude à intégrer à son quotidien?

Exercice: Distinguer les particularités du deuil à la suite de la mort

1. Pour chacune des trois particularités du deuil à la suite de la mort, dites comment elles se manifestent pour vous.

   • Expliquez comment la permanence de la mort et son irréversibilité rendent votre deuil si particulier.

   ✍

   • Expliquez comment la mort demeure pour vous mystérieuse et inconnue.

   ✍

   • Expliquez comment la mort d'une personne significative vous rappelle votre propre mort.

   ✍

2. Indiquez sur une échelle de bien-être l'état dans lequel vous souhaitez vous retrouver après la lecture du livre (0 étant le plus bas niveau et 10 l'état maximal de bien-être).

---

0 ÉCHELLE 10

3. Que ferez-vous concrètement pour atteindre ce niveau de bien-être?

   ✍

3. Vivre les saisons du deuil...

Pour que le printemps fasse éclore ses bourgeons, il faut que les feuilles tombent, meurent au sol et que la terre couve silencieusement ses fruits, afin qu'ils émergent à nouveau dans la lumière du mois de mai. [...] Il ne saurait y avoir de printemps sans automne et sans hiver.

Michèle Roberge, *Tant d'hiver au cœur du changement*, Sainte-Foy, Les Éditions Septembre, 1998, p. 60.

On ne presse jamais l'arbre de produire sa sève ou encore de faire éclater ses bourgeons. L'arbre est là. Il résiste aux vents de l'hiver. Il s'abandonne, se confiant aux rayons du soleil printanier. Il ne craint pas la venue de l'été et laisse ses feuilles se détacher à l'automne. L'arbre vit les saisons. Il sait qu'elles reviennent chaque année, à la fois semblables et différentes.

Le deuil a lui aussi ses saisons, à la fois similaires et uniques pour chaque personne. Il suit son cours. Quelquefois, la personne endeuillée a l'impression de faire marche arrière. «Hier, j'allais mieux. Aujourd'hui, je ne cesse de pleurer», précise-t-elle. Les manifestations du deuil peuvent apparaître à diverses saisons, tout comme les journées de neige au printemps ou l'été des Indiens en automne. Chose certaine, chaque saison vient avec ses particularités, pour qui sait attendre.

L'automne est associé à la perte, à la fin, à la rupture de ce qui a été. Tout comme l'arbre qui perd ses feuilles ou ses fruits, la personne endeuillée a perdu une part d'elle-même. Tout comme les moments de lumière qui diminuent, elle a l'impression de se retrouver sous un nuage ombrageux. Tout comme les moissons qui sont engrangées, elle semble condamnée aux murs de la solitude.

Vient l'hiver. Tout semble glacial, gelé. Pourtant, c'est aussi le temps des germinations secrètes et non apparentes. L'hiver est souvent considéré comme la saison la plus difficile. Noirceur, froid et diminution des activités le caractérisent. Pourtant, certains y découvrent de nouveaux loisirs. Ils en profitent pour savourer, bien au chaud, une boisson réconfortante. Lors d'un deuil, l'hiver correspond à la période d'errance et de difficultés. Pourtant, pendant cette saison, tout se passe dans les racines et certains en profitent pour apprivoiser des moments de grande intimité avec eux-mêmes.

À petits pas arrive le printemps. Les bourgeons se déploient délicatement en feuilles. La sève des arbres coule, les oiseaux reviennent. Malheureusement, nous savons tous que les premières journées printanières ne sont pas permanentes et que malgré notre volonté, il y aura encore quelques journées de froid et de pluie. Or, le printemps est une saison d'espoir. Malgré la fragilité des beaux jours, il fait bon goûter la douceur du temps et savoir que bientôt aura lieu l'éclosion des feuilles.

Enfin, l'été est de retour. La vitalité est au rendez-vous. C'est le moment des récoltes, des promenades, des nombreuses activités. Le désir de s'extérioriser revient. C'est l'éclosion sous toutes ses formes: personnelle, sociale, professionnelle, spirituelle, etc.

Chaque saison laisse des traces. C'est le propre du temps. Laissons-les suivre leur rythme, avec leurs intempéries, leurs arcs-en-ciel, leurs journées de pluie, etc. Le soleil revient toujours...

Exercice: S'inspirer de la nature

1. Une fois par jour, allez marcher pour observer la nature: les arbres, les animaux, les oiseaux... Soyez attentif à cette réalité qui se transforme quotidiennement.

2. Achetez une plante ou demandez des boutures à un ami. Prenez-en soin et constatez les changements qui s'opèrent progressivement. Même si ceux-ci sont peu perceptibles d'un jour à l'autre, après quelques semaines, vous verrez qu'une transformation a eu lieu. Le deuil suit un rythme semblable à la nature. Ce n'est qu'après un certain temps que l'on constate les transformations bienfaisantes.

3. Trouvez un cahier dans lequel vous symboliserez les quatre saisons par des collages, des écrits, des photos... Au fil des jours, ajoutez-y ce qu'éveillent en vous la nature et ses saisons, ou encore le deuil et ses saisons.

4. Réagir par une période d'engourdissement

> *La rencontre de l'absurdité et du non-sens dans notre existence peut être l'occasion d'un passage dans une autre conscience où l'on change tous les registres et les tonalités de nos systèmes d'interprétation.*
>
> Jean-Yves Leloup, *Manque et plénitude*, Paris, Albin Michel, 1994, p. 82.

L'annonce de la mort d'un être significatif est habituellement suivie d'une période appelée «période de choc». En effet, quand survient une souffrance trop intense, l'organisme réagit en produisant certaines hormones. D'une part, l'adrénaline nous permet de demeurer fonctionnel et, d'autre part, les endorphines engourdissent nos émotions.

Souvent, avec du recul, les gens disent avoir de la difficulté à se souvenir de ce qui s'est passé pendant cette période de choc. Cela correspond à une période d'engourdissement pendant laquelle un mécanisme d'autoprotection leur permet de ne pas s'écrouler. Progressivement, après les funérailles ou le départ des proches, le choc et l'état de stupeur s'estompent.

Ainsi, la période de choc vise à prendre conscience progressivement de ce qui arrive. À cet égard, la médication, l'alcool ou toute autre drogue deviennent secondaires, puisque l'anesthésie émotive se fait naturellement.

Habituellement, il est préférable de ne pas prendre de décisions importantes pendant cette période. En effet, les gens qui ont donné tous les vêtements du défunt, qui ont décidé de vendre la maison ou encore d'amorcer un divorce immédiatement après la mort d'un être cher le regrettent souvent par la suite.

De plus, le stress engendré lors de cette période est si grand que le système immunitaire peut être atteint. Ainsi, il n'est pas rare d'être enrhumé ou d'avoir certains malaises physiques (troubles respiratoires, palpitations, migraines, etc.) pendant ou immédiatement après cette période. Il faut donc éviter de se malmener physiquement.

Le choc peut durer quelques heures ou plusieurs jours, mais il disparaît habituellement, au plus tard, après une dizaine de jours. En effet, la paralysie émotionnelle s'atténue pour laisser surgir la douleur. Souvent, la nécessité de dire ou de répéter les détails de la maladie, de l'accident ou du décès aide à sortir de l'état de choc pour mieux prendre contact avec ses émotions. La façon de gérer les émotions naissantes sera alors déterminante dans le processus de deuil.

Exercice: Sortir de l'engourdissement

1. Dites de qui vous voulez faire le deuil et ce que représentait cette personne pour vous.

   ✍

2. Vous arrive-t-il de ne pas vous rendre compte de sa mort? À quel moment cela se produit-il?

   ✍

3. Comment cela se déroule-t-il? Comment réagissez-vous?

   ✍

4. De façon hebdomadaire, trouvez une façon de vous rappeler concrètement l'absence (visite au cimetière, pratique d'une activité qui était initialement partagée avec la personne décédée, etc.).

5. Nier la perte

> *Un ours arpentait les vingt pieds que lui laissait sa cage. Lorsque, au bout de cinq ans, on fit disparaître la cage, l'ours continua d'arpenter les même vingt pieds, comme si la cage avait été là. Elle y était. Pour lui !*
>
> Anthony de Mello, *Histoires d'humour et de sagesse*, Montréal, Éditions Bellarmin, 1992, p. 111.

Plusieurs personnes endeuillées ont l'impression que l'être cher décédé reviendra un jour. Elles l'imaginent parti en voyage ou faire des courses. Il leur arrive même d'avoir la certitude qu'elles l'ont aperçu ou entendu. Ainsi, certaines personnes endeuillées ont peine à croire que le départ est définitif. Un « non » résonne en elles. Ce déni ou ce refus de la mort est une réaction normale lors d'un deuil. Il permet de s'adapter progressivement à une réalité trop souffrante. Au fil du temps, la reconnaissance du caractère irréversible et véridique de la mort se fait. La durée de ce déni varie d'une personne à l'autre. En fait, il prend le temps nécessaire pour qu'une personne puisse apprivoiser ce qui lui est trop souffrant.

Parallèlement, certaines personnes semblent indifférentes ou ne réagissent pas à la mort d'un proche. Pourtant, aux yeux des autres, cette mort devrait les affecter. Plusieurs y voient alors une force de caractère ou un bien-être rassurant. Or, la personne endeuillée peut nier ses émotions par crainte de sombrer dans la folie. Se sentant incapable de vivre la souffrance inhérente à la perte, elle laissera émerger ses émotions quelques mois ou quelques années plus tard. La négation lui permet alors de demeurer adaptée et fonctionnelle pendant une période. Avec le temps, elle a les forces ou les ressources nécessaires pour vivre la souffrance de la perte; les émotions émergent alors.

Conséquemment à cette négation, certaines personnes refusent de parler du défunt, de se rendre au cimetière ou encore d'aller au salon funéraire. Elles se mettent à éviter tout ce qui leur rappelle la mort de l'être cher.

La négation est source de sécurité. Or, si elle se prolonge dans le temps, elle empêche le dépassement lié à la reconnaissance de la perte. Une réalité niée demeure là, enfouie en soi. Une fois reconnue, il devient pourtant possible de s'en détacher. Ainsi, une personne qui nie la mort en continuant de vivre comme si l'être cher y était ou encore en évitant tout ce qui le lui rappelle devrait consulter un professionnel de la santé.

En effet, la réalisation de la perte est un moment important dans la progression du deuil. Elle permet d'accéder aux émotions qui s'y rattachent. Pour ce faire, il est suggéré de regarder des photos du défunt, d'écouter une musique qui évoque son souvenir, de fréquenter des lieux qui lui sont associés, etc. Ces pratiques facilitent la prise de conscience de l'absence de l'être cher, de sa mort. Cette prise de conscience faite, il est alors possible d'accéder à un mieux-être. Sinon, rappelons-nous qu'une perte, tapie en soi et non reconnue, se développe et grandit...

Exercice: Trouver d'autres expériences de perte

Le mot «deuil» désigne le processus naturel par lequel nous nous remettons d'une perte. Chacun a sa façon de s'engager dans ce processus, et cette façon peut se modifier d'une perte à l'autre. Il se peut toutefois qu'un modèle émerge, et que ce style devienne typique de notre façon de composer avec l'ensemble de nos pertes. Les questions* suivantes, inspirées de Derschimer (1990), ont pour but de vous aider à vérifier si vous avez développé un

* Exercice tiré de Josée Jacques, *Psychologie de la mort et du deuil*, Mont-Royal, Éditions Modulo, 1998, p. 67-68.

style personnel et si vous avez tendance à nier les pertes vécues. Le cas échéant, vous pouvez déterminer si vous êtes satisfait ou non de votre fonctionnement.

1. Quelle a été votre première perte majeure?

2. Quel âge aviez-vous?

3. Que faisiez-vous au moment où vous avez reçu la nouvelle?

✍

4. Quelle a été votre première réaction?

✍

5. Pendant les jours suivants, quelles ont été vos réactions, vos pensées et vos émotions dominantes?

✍

6. En présence de quelles personnes avez-vous manifesté ces réactions? Avec qui avez-vous partagé ces pensées et ces émotions?

7. Comment ces personnes ont-elles réagi?

✍

8. Quel autre changement majeur a précédé de peu ou suivi immédiatement cette perte?

✍

9. Quelle est votre perte significative la plus récente?

---

10. Que faisiez-vous au moment où vous avez reçu la nouvelle?

✍

11. Quelle a alors été votre première réaction?

✍

12. Pendant les jours suivants, quelles ont été vos réactions, vos pensées et vos émotions dominantes?

✍

13. En quoi cette réaction ressemble-t-elle à celle que vous avez eue lors de votre première perte?

---

14. En quoi cette réaction diffère-t-elle de celle que vous avez eue lors de votre première perte?

Réfléchissez à vos autres pertes. Essayez d'en trouver le plus grand nombre possible et notez les sentiments éprouvés à la suite de chacune. Pouvez-vous discerner un modèle commun à ces réactions?

---

15. Habituellement, comment réagissez-vous lorsque vous apprenez qu'une perte est survenue ou qu'elle est imminente?

✍

16. Quel sentiment suit votre réaction initiale?

---

17. Quel est votre état émotif dominant dans les jours qui suivent?

---

18. Comment décririez-vous votre style personnel?

✍

19. Quels étaient vos besoins lors de ces pertes?

---

20. Quelles sont vos réactions et vos sentiments, maintenant, face à ces expériences de perte?

✍

21. Que retenez-vous de ces expériences de perte?

✍

6. Reconnaître le deuil

Et comme la mort n'arrive qu'une fois, autant en profiter.

Nathalie Loignon, *Christophe au grand cœur*, Saint-Lambert, Dominique et Compagnie, Les Éditions Héritage, 2000, p. 70.

Un deuil modifie l'histoire de l'individu. Il façonne le parcours de son existence de telle sorte que ses expériences ultérieures sont vécues différemment. Après un deuil, plus rien n'est comme avant.

Devoir renoncer à la présence physique d'un être cher déstabilise nos façons de voir, de réagir et de faire. Le sens de la vie est interrogé à nouveau, la tristesse et la peur de l'abandon refont surface. Les façons d'être et d'agir avec autrui se voient modifiées. L'individu souffre de la perte de son passé. Il doit renoncer au futur imaginé. Il vit un deuil.

Lors d'un deuil, la personne vit alors toute une gamme de perturbations; celles-ci varient en durée et en intensité. Toutefois, elles sont habituelles et normales.

- Perturbations affectives: tristesse, colère, culpabilité, anxiété, ennui, sentiment de trahison, insécurité, etc.
- Perturbations de la pensée: confusion, doute, oubli, négation, hallucinations, idéalisation du défunt, absence de sens à vivre, etc.
- Perturbations physiques: tremblements, maux de tête, sudation excessive, contraction dans la gorge ou la poitrine, fatigue, hypertension, étourdissements, etc.

- Perturbations comportementales: hyperactivité, pleurs, rêves, recherche du défunt, alcoolisme, troubles du sommeil, rires nerveux, manque d'appétit ou boulimie, etc.

Un processus de deuil requiert du temps et de l'énergie. L'expression «faire son deuil» est d'ailleurs souvent utilisée et rappelle la nécessité pour la personne endeuillée de s'impliquer dans un travail personnel actif pour apprendre à continuer à vivre malgré l'absence de l'être aimé.

Exercice: Définir ses objectifs

Plusieurs personnes souhaitent un mieux-être, mais elles ont de la difficulté à définir en quoi il consiste. Pourtant, une description précise de ce que l'on désire est indispensable pour en reconnaître la réalisation.

Par exemple, plutôt que de souhaiter être heureux, il vaut mieux définir des objectifs concrets, palpables et observables par une personne extérieure. Ainsi, pour être heureux, que ferez-vous concrètement? Comment serez-vous spécifiquement?

✍

Voici quelques objectifs que les personnes endeuillées aiment voir se réaliser au cours de leur deuil. N'hésitez pas à en ajouter.

Faire disparaître les manifestations de deuil telles que (les nommer):

- retrouver votre énergie;
- avoir davantage confiance en vous;
- exprimer vos émotions;
- pleurer devant les autres;
- être en paix;

- ne plus avoir peur;
- ne plus vous sentir coupable;
- renouer avec votre famille;
- garder des souvenirs positifs du défunt;
- parler du défunt;
- être compris par votre entourage;
- régler la dimension administrative reliée au décès;
- dire ce que vous pensez;
- pardonner au défunt;
- ne pas jouer de rôle.

Autres:

1. Nommez ceux qui vous concernent davantage.

   ✍

2. Précisez comment vous remarquerez concrètement l'atteinte de ces objectifs.

   ✍

7. Reconnaître la perte

Je pense que nous devons d'abord apprivoiser la mort.

Henri J. M. Nouwen, *Lettre de réconfort*, Montréal, Bellarmin, 1997, p. 27.

Lors d'un deuil, les personnes endeuillées ont de la difficulté, à des degrés divers, à admettre au fond d'elles-mêmes que la perte est survenue et qu'elle est irréversible. Les façons les plus courantes de contourner cette tâche sont de refuser de parler du défunt, de voir son corps ou encore de se dispenser des rites funéraires. Ainsi, nous entendons souvent des gens dire, pour justifier leur attitude: «Je préfère me rappeler d'elle de son vivant» ou encore «Je ne veux pas qu'il soit exposé. Les salons funéraires, c'est de l'exploitation, de la comédie. Les gens font semblant d'être tristes, puis au bout de cinq minutes, ils vont rigoler dans la salle à café.» D'autres espèrent un mauvais rêve ou ont toujours l'impression d'apercevoir la personne décédée.

Dans ces exemples, la personne endeuillée refuse ou résiste, sur le plan cognitif ou émotif, à reconnaître la mort. Pourtant, elle aurait avantage à revenir sur la réalité du décès, même si cela peut s'avérer douloureux.

En effet, une connaissance des facteurs et des circonstances du décès contribue à faire diminuer l'anxiété et à mieux comprendre la mort. Il est donc approprié d'inciter la personne endeuillée à parler de l'événement du décès pour l'aider à prendre conscience du caractère définitif et irréversible de la mort.

Parler de la façon dont elle vit l'absence ou préciser ce qui est différent depuis le décès aide aussi à reconnaître la perte et à progresser dans son deuil.

Bref, tous les comportements et les émotions visant à dire: «Il n'est plus là et il ne le sera jamais plus de la même façon...» sont bénéfiques pour le déroulement du deuil. Et ce, même si la souffrance est au rendez-vous!

Mais pour reconnaître la perte, il faut initialement avoir reconnu les bienfaits d'une présence... Pourquoi ne pas le faire avant un décès et évaluer ce que vous apporte chacune de vos relations significatives?

Exercice: Écrire à la personne décédée

> *Il faut parfois faire les choses pour comprendre ensuite, et seulement ensuite, pourquoi on les a faites.*
>
> Christian Bobin, *La folle allure*, Paris, Gallimard, 1995, p. 135.

Un garçon dont le jeune frère de deux ans venait de mourir dit à sa mère: «J'ai de la peine pour la mort de mon frère, mais je suis encore plus triste pour les autres gens.» La mère s'informa de qui il s'agissait et il répondit: «Les gens qui ne l'ont pas connu. Nous avons été chanceux de l'avoir eu parmi nous pendant deux ans. Il y a plein de gens qui n'ont pas eu cette chance. Je vais lui écrire une lettre pour lui dire...» Ce garçon avait compris les bienfaits de poursuivre une relation par l'écriture avec son petit frère décédé.

À mesure que le deuil évolue, la personne endeuillée constate des changements dans sa vie. Or, il arrive qu'elle ait l'impression de ne pas avoir tout dit au défunt, de ne pas avoir suffisamment dialogué ou d'avoir encore envie de partager avec lui, comme ce jeune garçon qui exprime sa chance d'avoir connu son petit frère... L'écriture d'une lettre est alors suggérée.

Cet exercice engendre plusieurs bienfaits et s'avère très efficace pour la progression du deuil. À cet effet, il devrait être fait systématiquement au moins une fois par les personnes endeuillées.

Peu importe le moment après le décès, il suffit de trouver un lieu de tranquillité pour s'adresser par écrit à la personne décédée. La personne endeuillée peut y formuler ses regrets, ses souhaits, ses difficultés, ses craintes, sa reconnaissance, son amertume, etc. Il s'agit de ne rien censurer pour permettre l'expression de ce qui semble tabou, de ce qui n'a jamais été dit ou de ce qu'il semble important d'exprimer.

L'écriture d'une lettre au défunt permet alors:

- de revoir sa relation avec lui. Un bilan des moments plus ou moins agréables, des apprentissages, etc., est alors fait;
- de développer une image réaliste de la personne décédée. La personne endeuillée a souvent tendance à idéaliser le défunt. Progressivement, au cours du deuil, une image plus juste se dessine. Le fait d'écrire ses perceptions sur le défunt aide à minimiser le sentiment de culpabilité inhérent aux aspects moins appréciés;
- de reconnaître le chemin parcouru dans son deuil;
- d'entrer en contact avec des émotions diverses (colère, tristesse, culpabilité, etc.). En effet, l'écriture favorise souvent l'émergence d'émotions;
- d'exprimer librement les émotions ressenties. Certaines personnes, conditionnées à ne pas exprimer leurs émotions, ne se sont pas permis de pleurer en présence de la personne défunte;
- de mettre de l'ordre et de prendre du recul face à ses expériences.

Une fois la lettre écrite, elle peut être relue. Toutefois, il importe de ne pas la modifier, puisque cette lettre correspond au message spontané qu'il était nécessaire de transmettre. Certains la conservent, d'autres trouvent bénéfique de la brûler. Symboliquement, lorsque la lettre se consume, les personnes endeuillées ont l'impression de délaisser une partie du passé...

Mais, au fait, il est toujours possible d'écrire aux personnes vivantes. Un petit mot nécessite quelques minutes et peut susciter un grand plaisir... à celui qui l'écrit et à celui qui le reçoit!

8. Aller au-delà des conseils mythiques

L'homme n'est pas toujours emprisonné par des barreaux, mais bien par des idées et des mots.

Lorsque survient la mort d'un être cher, les membres de la famille ou les amis tentent habituellement d'aider la personne qui souffre. Or, il arrive que leur aide ne corresponde pas à celle souhaitée par l'endeuillé. En effet, les conseils ne sont pas toujours judicieux: «Arrête de pleurer et passe à autre chose», «Avec le temps, tu vas refaire ta vie», «Essaie d'oublier» sont des exemples de conseils mythiques, c'est-à-dire de conseils inappropriés qui ne reposent pas sur la réalité.

Souvent déstabilisés par la souffrance de l'être cher endeuillé, les gens tentent de l'encourager par des conseils empreints de bonne volonté. Toutefois, plutôt que de «suggérer», il serait souhaitable de simplement «écouter et accueillir». La souffrance est passagère si elle est accueillie. Coriace, elle revient sans cesse si on la fuit!

Regardons trois conseils mythiques souvent donnés.

Arrête de pleurer et passe à autre chose.

Le deuil non vécu refait inévitablement surface. Nous devrions donc dire: pleure et entre dans ta souffrance! Facile de suggérer de passer à autre chose, mais lorsque la peine nous habite, nous aurons beau voyager à l'autre bout du monde ou s'étourdir par des activités, elle demeure là, en nous. Il faut explorer et exprimer sa peine pour s'en libérer. D'ailleurs, le fait de pleurer apaise et permet de laisser place à d'autres émotions. Les larmes retenues se multiplient et nous pouvons nous y noyer...

Avec le temps, tu vas refaire ta vie.

On ne «refait» pas sa vie, on «la fait» une seule fois. Il est vrai qu'avec le temps, la noirceur s'estompe pour laisser place à plus de lumière. Or, la personne endeuillée souffre et a peine à se projeter dans un temps ultérieur. De plus, elle n'a surtout pas envie de «refaire» sa vie sans le défunt... Elle doit donc davantage apprendre à poursuivre sa vie, différemment.

Essaie d'oublier.

On n'oublie jamais un être qui a été significatif pour nous. Nous devrions donc dire: «Souviens-toi...» Chaque relation est unique et elle laisse des traces uniques dans nos souvenirs. Ainsi, il est irréaliste de craindre d'oublier la personne décédée ou encore de le souhaiter. Une occasion viendra toujours nous rappeler la place qu'elle a occupée dans notre existence. Les souvenirs jaillissent: ils viennent et ils repartent pour laisser place à de nouvelles expériences qui, à leur tour, contribuent à créer les souvenirs de demain. Ainsi, plutôt que de suggérer l'oubli, il vaut mieux se rappeler les moments importants. D'ailleurs, les personnes endeuillées aiment habituellement parler de l'être cher disparu. Il ne s'agit pas de vivre dans le passé, mais bien de reconnaître le droit de vivre avec ce passé.

Exercice: Distinguer les faux aidants des vrais

1. Quelles sont les personnes qui tentent de vous aider, mais dont les paroles ou les attitudes suscitent en vous de l'ambivalence?

   ✍

2. Quels sont les gestes, les paroles ou les attitudes qui vous blessent?

   ✍

3. Comment réagissez-vous lorsque vous êtes en présence de faux aidants?

✍

4. Que pourriez-vous faire pour vous protéger?

✍

5. Quelles sont les personnes qui vous apportent du réconfort et dont la présence est bienfaisante pour vous?

✍

6. Quels sont les gestes, les paroles et les attitudes qui vous font du bien?

✍

7. Comment réagissez-vous lorsque vous êtes en présence de ces personnes aidantes?

✍

8. Que pourriez-vous faire pour bénéficier davantage des bienfaits que vous procurent ces personnes aidantes?

✍

9. Prendre le temps

> *Votre temps est le cadeau le plus précieux que vous puissiez vous offrir.*

Lorsque la souffrance inhérente à la mort se fait trop intense, plusieurs personnes s'interrogent: combien de temps cela va-t-il durer?

Au début du siècle, diverses pratiques réglementaient la durée du deuil. L'usage du crêpe ou un petit tissu noir que l'on fixait à ses vêtements se prolongeait pendant un temps bien défini selon les liens familiaux avec le défunt. Le service anniversaire était une forme de cérémonie de clôture qui marquait la fin du deuil. Aujourd'hui, la codification relative à une durée du deuil est abolie. L'individu peut mener son deuil à sa guise, malgré certaines pressions sociales cherchant à minimiser les manifestations émotives et leur durée.

Ainsi, la durée du deuil varie considérablement d'une personne à l'autre. Toutefois, de façon générale, le deuil varie entre 18 et 24 mois et ses manifestations se transforment au fil des jours.

Mais est-il vraiment possible de terminer ou de résoudre un deuil? Cette question pourrait être longuement débattue. Disons simplement qu'on considère habituellement qu'un deuil est achevé lorsque la personne se réinvestit socialement et affectivement, lorsqu'elle peut continuer d'aimer le défunt sans souffrir. Or, pour y arriver, il faut être patient: se donner du temps et prendre son temps. En effet, le processus de deuil ne se vit pas de façon linéaire; il y a des hauts et des bas. Ainsi, vous pouvez vivre une période plus difficile, après des moments de répit, et cela ne veut pas dire que le deuil n'évolue pas. Il s'agit simplement de respecter votre rythme et de prendre votre temps.

Mais pour prendre le temps de vivre son deuil, il faut initialement avoir appris à «prendre le temps» de vivre... avant même que la mort survienne. Prendre le temps de vivre peut adopter diverses formes: admirer la nature, cuisiner un nouveau plat, sourire à un étranger, jouer avec un enfant...

Et vous, quelle est votre façon de «prendre le temps»?

Exercice: Prendre le temps

1. Accordez-vous le temps nécessaire pour les activités qui sont bienfaisantes pour vous. Tous les jours, faites-vous plaisir.
2. Reposez-vous au besoin.
3. Acceptez votre rythme.
4. Pour chacune des journées de la semaine, dites comment vous «prenez concrètement le temps» (exemples: je vais marcher 30 minutes, je prends mon café dans un restaurant, je prends un bain moussant, je vais fumer une cigarette au parc, etc.).

   Dimanche: ______________________

   Lundi: ______________________

   Mardi: ______________________

   Mercredi: ______________________

   Jeudi: ______________________

   Vendredi: ______________________

   Samedi: ______________________

10. Se rassurer sur sa normalité

Chaque fois, on est persuadé que la douleur sera trop grande, que la Terre cessera de tourner ou qu'à tout le moins on deviendra fou... Mais non, tout continue comme avant.

Nancy Huston, *Dolce Agonia*, Paris, Actes Sud/Leméac, 2001, p. 447.

La mort d'un être significatif est perçue comme une des épreuves les plus difficiles à traverser. L'univers semble d'écrouler. La vie bascule et on s'inquiète de sa santé mentale. « Suis-je normal ? » devient alors une question prédominante. Ce désir de normalité est très présent lors d'un deuil, car on craint de perdre la raison tellement la souffrance est grande. Il existe toutefois un ensemble de réactions « normales » qui inquiètent habituellement les personnes endeuillées. Bien sûr, leur prolongation dans le temps peut être un signal d'alarme de complications du deuil. Si des doutes s'installent, la consultation d'un professionnel de la santé peut alors être rassurante. Or, rappelons-nous qu'un deuil en soi est suffisamment douloureux. Il n'est pas nécessaire d'ajouter la culpabilité face à ses réactions ou encore la tension de répondre à des normes. Il n'existe aucun modèle de deuil idéal.

Voici quelques-unes des réactions normales ou habituelles qui nous inquiètent :

- Pourquoi ? est la question qui m'habite constamment.
- Je ne cesse de revoir dans ma tête les images de sa mort.
- Je lui parle comme s'il était encore vivant.
- J'ai souvent l'impression de le voir ou de l'entendre.
- Je n'ai plus le goût de rien.

- J'ai souvent envie d'aller le rejoindre.
- Je me sens si seul.
- Je ne cesse de raconter ce qui est arrivé, «mon histoire».
- J'ai peur qu'il ait froid sous la terre.
- Je reste des heures à ne rien faire.
- Je ne peux plus tolérer les silences entourant sa mort.
- J'ai l'impression que je ne pourrai plus jamais aimer une autre personne.
- Je rêve toujours à lui.
- J'ai peur.
- Je suis en colère contre lui ou des gens qui ont été impliqués pendant sa maladie ou lors de sa mort.
- J'aimerais tellement pouvoir le toucher à nouveau.
- Je cherche un coupable à sa mort.
- J'ai divers regrets.
- Je cherche toujours une ressemblance chez les gens qui me rappellent sa personne.
- Je fais des gestes comme s'il était encore vivant.
- Je ne pleure jamais.
- Je ne me sens pas capable d'être parmi des gens.
- J'ai l'impression d'être seul à avoir autant de peine.
- Le bonheur des autres me rend envieux ou amer.
- Je me sens épuisé.
- Je déteste ce qui me rappelle sa mort: auto, hôpital, etc.
- J'ai l'impression d'être dans un tunnel sans fin.
- J'ai des doutes sur «le temps qui arrange les choses».
- Je ne l'oublierai jamais.
- En voiture, je crie à tue-tête ou je pleure comme un enfant.
- Lorsque je ris, je me sens coupable et je pleure par la suite.
- Un rien me fait pleurer: une musique, un oiseau, etc.
- J'ai toujours envie de lui téléphoner.

- J'aimerais me faire bercer comme un enfant.
- Je ne me lasse jamais de me faire parler de lui.
- J'ai peur de l'oublier.
- Je n'ose pas en parler pour ne pas faire de peine aux autres.
- Je passe sans cesse d'un mieux-être au désespoir.
- Je voudrais tout oublier.
- J'aime sentir l'odeur de ses vêtements ou de son parfum.
- Je ne veux plus entendre certains mots: suicide, cancer, sida, etc.

Même si ces réactions semblent étranges, elles sont habituelles au processus de deuil. Il ne reste plus qu'à être tolérant envers les particularités de chacun. Accueillir, voilà un verbe sur lequel on peut longuement réfléchir. Mais au fait, la tolérance et l'accueil ne sont pas réservés au deuil. Si on en ajoutait un peu à notre quotidien?

Exercice: Dessiner son mandala des émotions

> *Les émotions... «Cela prouve que ton âme est toujours bien vivante.»*
>
> Paul Coelho, *Manuel du guerrier de la lumière*, Paris, Éditions Anne Carrière, 1998, p. 146.

Le mandala est une forme géométrique qui évoque l'état intérieur d'une personne. Lors de la mort d'un être cher, comme nous l'avons vu, plusieurs émotions sont possibles. Chacune constitue une réaction normale et habituelle du deuil.

1. Pour prendre contact et reconnaître ces émotions, réservez-vous un moment de silence et de solitude. Prenez une position confortable et pensez à la personne décédée. Rappelez-vous votre relation avec elle.

2. Cette personne n'est plus. Vous savez qu'elle est morte. Quelles sont les différentes émotions qui correspondent à votre expérience de deuil?

3. À partir de la liste d'émotions suivantes, encerclez de différentes couleurs les émotions qui vous habitent. Une couleur doit être associée à une seule émotion. Il n'est pas nécessaire d'encercler toutes les émotions.

   Choc • Tristesse • Colère • Peur • Soulagement • Culpabilité • Solitude • Déception • Honte • Tranquillité

Autres:

____

____

____

____

4. Dessinez un cercle. Celui-ci doit être assez grand pour contenir toutes les émotions qui vous habitent jusqu'à maintenant et qui sont reliées à votre état de personne endeuillée.

5. Coloriez les différentes portions du cercle. Chacune d'elles doit être proportionnelle à l'intensité de l'émotion à laquelle elle correspond. Elle doit aussi être coloriée de la couleur associée à l'émotion. Ainsi, la couleur et la proportion occupées dans le cercle doivent être représentatives de l'émotion représentée.
6. Une fois le mandala terminé, vous pouvez décrire brièvement les émotions et les couleurs à une personne significative de votre entourage.

11. Raconter son histoire

Raconter son histoire ne permet pas toujours de trouver un sens à la mort, mais cela aide à redécouvrir un sens à sa vie.

La perte d'un être significatif laisse des traces permanentes: une cicatrice... Or, au fil du temps, la personne endeuillée découvre le baume qui apaise. Au début du deuil, elle a souvent peine à croire qu'un jour elle pourra rire à nouveau ou regarder la vie sans cette lourdeur qui filtre les beautés environnantes. Pourtant, un jour, parfois après quelques mois ou quelques années, un équilibre est retrouvé. Malgré l'absence de l'autre, elle ne se sent plus amputée. Elle a l'impression d'être un, même si le souvenir demeure et continuera toujours de l'habiter.

Raconter son histoire avec la personne décédée est un des moyens permettant de progresser dans le travail du deuil et d'accéder à un mieux-être. En effet, mettre des mots sur sa douleur permet de reconnaître la perte vécue, d'explorer la souffrance suscitée par cette perte pour ensuite s'en détacher. Raconter son histoire favorise l'expression des émotions, aide à ordonner ce qui semble chaotique, permet de développer une image réaliste du défunt et fait ainsi progresser le deuil.

À cet effet, différents moyens sont possibles. Les groupes d'entraide permettent d'être entendu et de recevoir du réconfort de la part de personnes qui vivent aussi une expérience de perte. Plusieurs y trouvent un lieu privilégié de partage. D'autres préfèrent une expression moins collective.

En effet, certains choisissent de raconter leur histoire à une personne intime. Souvent, un proche capable d'empathie et digne de confiance peut accueillir les propos de la personne endeuillée.

Or, l'écoutant a aussi ses limites... Un professionnel s'avère souvent la personne la plus apte et disponible pour jouer ce rôle.

Parallèlement à ces deux modes d'expression, l'écriture s'avère fort recommandée. En effet, écrire est très thérapeutique. Cela permet de mettre des mots sur ce qui est vague, de prendre du recul face à son expérience. De plus, ce moyen est toujours disponible. La personne est libre de choisir le moment, la durée et le lieu pour s'exprimer. La censure y est aussi minimisée.

Il arrive un moment où nous pouvons découvrir un sens à ce que nous avons vécu. Quoique la cicatrice creusée par la perte soit toujours là, la blessure est moins vive. Nous sommes alors capables de poser un regard vers le futur plutôt que de toujours s'attarder au passé. Mettre des mots évite souvent bien des maux...

Exercice: Dire

Raconter son histoire aide à la progression du deuil. Or, vous vous interrogez: «Par où commencer?» Voici quelques questions qui peuvent faciliter cette démarche.

1. Quand et comment avez-vous appris sa maladie ou son accident, sa mort?

   ✍

2. Quand et comment avez-vous su qu'il allait mourir?

   ✍

3. Qui vous l'a appris?

   ✍

4. Comment avez-vous réagi?

✍

5. Quels sont vos meilleurs souvenirs avec le défunt?

✍

6. Quelles étaient ses qualités?

✍

7. Quelles difficultés avez-vous éprouvées dans votre relation avec la personne décédée?

✍

8. Lui avez-vous dit ce que vous vouliez lui dire avant sa mort?

✍

9. Qu'auriez-vous aimé lui dire ou faire de plus?

✍

12. Parler de la mort

Le simple fait de se préparer à parler allège la sensation que nous éprouvons...

Boris Cyrulnik, *Un merveilleux malheur*, Paris, Éditions Odile Jacob, 1999, p. 164.

Chacun de nous aura, un jour, à vivre la perte d'un être aimé et, de façon ultime, à vivre sa propre mort. Malgré cela, la mort est un sujet encore empreint d'interdits, souvent occulté, refoulé ou ridiculisé.

Plusieurs personnes me confient leur peine de ne pas avoir abordé ce sujet avec l'être cher disparu. On préfère ne pas y penser, ne pas en parler... comme si cela retardait le moment de sa venue. Dans le silence du non-dit, chacun souhaite que cette mort n'existe plus.

Pourtant, reconnaître cette réalité nous incite souvent à savourer la vie. Lorsqu'on se rend compte de sa finitude, on prend habituellement conscience du caractère précieux de l'existence. Vivre intensément devient alors prioritaire puisque le privilège de vivre aura indéniablement une fin.

Cette reconnaissance de la mort se fait, entre autres, par la parole. Et si on se permettait de dire nos peurs, nos espoirs, nos croyances, nos souhaits, peut-être que cet événement qu'est la mort deviendrait moins tabou et souffrant ? Bien sûr, il est toujours difficile de vivre la perte d'un être aimé... Or, si on en a préalablement discuté avec lui, on accroît la probabilité de vivre de façon plus significative ce moment difficile qu'est la mort. En effet, il est démontré que le deuil est facilité lorsque nous avons eu l'impression de vivre les événements qui l'entourent (mort, funérailles, etc.) à l'image de ce que nous sommes, de ce qu'était l'être cher disparu.

«Vaut mieux souffrir d'avoir aimé que de ne jamais avoir aimé», précise un proverbe. Lorsque la mort survient, il devient plus difficile de dire son amour au défunt... et la souffrance est grande. Mais n'oubliez pas qu'il est toujours possible de dire son amour aux gens qui nous entourent. Dites-leur!

Exercice: Tenir un journal personnel

> *Le sentier menant à la connaissance de soi est souvent long, ardu et périlleux. Pour cette raison, plusieurs personnes évitent le sentier et se privent aussi de ses beautés.*
>
> Herman Hesse, *Demian*

L'expérience intérieure rattachée à la mort d'un être cher est particulièrement intense. Les bouleversements suscités par la souffrance créent souvent des besoins nouveaux. L'endeuillé peut ressentir le besoin d'être davantage écouté, de clarifier certaines émotions, de mettre de l'ordre dans ses pensées, etc.

Tenir un journal personnel peut répondre à ces besoins et favoriser l'intériorité propre au cheminement du deuil. Cela est d'ailleurs recommandé par plusieurs intervenants pour traverser une période difficile, et les gens qui l'expérimentent en reconnaissent plusieurs bienfaits.

Mais pourquoi écrire un journal?

L'écriture d'un journal personnel permet, entre autres, de mettre des mots sur vos émotions, vos pensées, vos perceptions, d'exprimer ce que vous n'osez pas dire aux autres, de mieux vous découvrir et vous connaître, de vous libérer de tensions, de clarifier vos questionnements, de constater une évolution personnelle lors d'une relecture, etc. Ainsi, il y a plusieurs avantages à écrire votre journal.

Comment faciliter cette démarche?

Donnez-vous rendez-vous à un moment de la journée... et respectez votre engagement. La continuité de la démarche en accroît les bienfaits. Choisissez un environnement paisible afin de ne pas être dérangé. Créez une ambiance propice afin de favoriser une plus grande introspection: musique, bougies, encens, etc. Par ailleurs, écrivez sans vous juger. Chacun a le droit à l'erreur, à ses manques d'inspiration, à ses incohérences, etc. Faites-vous confiance et assurez-vous de prendre les moyens nécessaires pour ressentir le caractère confidentiel de votre démarche. Cela favorise une plus grande liberté d'expression.

Quoi mettre dans le journal?

La tenue d'un journal offre des possibilités de contenu presque illimitées. Vous pouvez y introduire tout ce qui répond à vos besoins et qui est susceptible de vous faire plaisir, de vous aider dans votre cheminement. Il peut s'agir de vos émotions, vos sentiments, vos pensées, vos réflexions, vos observations, vos opinions, vos craintes, vos inquiétudes, vos questions, vos souvenirs, vos espoirs, vos projets, des citations, des paroles d'une chanson, des images, des lettres, des photos, des prières, etc.

Vous pouvez écrire sur:

1. l'histoire de la relation avec la personne décédée: comment vous l'avez rencontrée, ses qualités, les événements marquants de sa vie, etc.

   ✍

2. l'histoire de la maladie: l'annonce du diagnostic, ses réactions, ce que vous avez ressenti, les conséquences familiales, etc.

   ✍

3. l'histoire du décès: le moment et les circonstances du décès, les rituels funéraires, les émotions vécues, etc.

✍

4. les moyens pris pour préserver votre santé: exercice, relaxation, thérapie, loisirs, etc.

✍

5. le quotidien: vos émotions, vos pensées, vos activités journalières, etc.

✍

6. les paroles qui vous touchent: les chansons, les poèmes, les citations, etc.

✍

7. les rêves: ceux que vous trouvez significatifs.

✍

8. les lettres: les messages que vous aimeriez dire à la personne décédée.

✍

9. les projets: ceux que vous aimeriez réaliser.

✍

Peu importe la forme du journal, le contenu que vous y intégrerez vous procurera des bienfaits.

13. S'interroger

N'allez pas maintenant à la recherche de réponses qui ne peuvent pas vous être apportées, car vous ne sauriez pas les vivre. Or, il s'agit de vivre tout. Pour l'instant, vivez vos questions.

Rainer Maria Rilke, *Lettres à un jeune poète*, Paris, Éditions Mille et une nuits, 1997, p. 24.

S'interroger et questionner sont deux des activités préférées de la personne endeuillée. Elle se demande: «Pourquoi cela m'arrive-t-il? Aurais-je dû réagir autrement? Et si on avait consulté tel médecin? Comment vais-je passer à travers? Vais-je un jour retrouver le goût de vivre?» Etc.

Les questions sont multiples quand survient un événement aussi mystérieux et inconnu que la mort. Pourtant, un message empreint de sagesse précise: «Il faut cesser de s'interroger. Un jour, on se rend compte que nous sommes en train de vivre les réponses à nos questions.» Effectivement, plusieurs personnes endeuillées précisent qu'avec le temps, les réponses à leurs questions leur ont été données. Parallèlement, certaines questions n'ont pas trouvé de réponses, mais elles ne se posent plus.

Cela me rappelle une histoire racontée dans un cours de méditation. Un jeune homme, désireux de développer une plus grande sagesse, part en Orient rencontrer un vieux maître zen. Dès sa rencontre, il lui pose plusieurs questions sur Dieu, le sens de la vie, la méditation, etc. Le vieux maître lui offre alors une tasse de thé. Il l'accepte. Un peu déçu, il commence à craindre de ne pouvoir trouver des réponses à ses questions auprès de ce vieux maître.

Celui-ci arrive, verse le thé, verse le thé... Le thé se renverse dans la soucoupe. Le vieux maître continue à verser le thé qui commence alors à se renverser sur le sol. Le jeune homme s'empresse alors de lui dire d'arrêter. « Vous ne voyez pas que la tasse est pleine ? » lui demande-t-il.

Le vieux maître dit : « Oui, je le vois. La tasse est pleine tout comme toi qui débordes de questions. Ainsi, il n'y a aucune place pour recevoir les réponses. Vide ta tasse, crée un espace intérieur... et les réponses pourront prendre place. »

Voilà le seul message, souvent considéré comme désolant, que l'on puisse donner aux multiples questions entourant la mort d'un être cher. Les questions abondent en tout temps. Pour retrouver le calme et la sérénité, laissons-les émerger pour ensuite s'en détacher...

Exercice : Poser des questions

Cet exercice peut sembler farfelu, pourtant il permet de se détacher symboliquement des interrogations qui nous habitent.

1. Quelles sont les différentes questions qui vous habitent ?

   ✍

2. Écrivez chacune de ces questions sur des feuilles différentes.

   ✍

3. Séparez les questions pour lesquelles vous croyez pouvoir obtenir des réponses des questions pour lesquelles aucune réponse ne semble possible.
4. Rangez les questions pour lesquelles vous croyez pouvoir obtenir des réponses dans un endroit sûr, à l'abri des regards indiscrets.
5. Brûlez les autres questions ou enterrez-les dans un lieu secret. Tentez de lâcher prise en faisant ce geste de débarras.

L'HIVER

L'histoire de Gotami

«Krisha Gotami est une jeune femme qui eut la chance de vivre au temps du Bouddha. Quand son premier enfant eut environ un an, il tomba malade et mourut. Écrasée de chagrin, serrant le petit corps contre elle, Krisha Gotami se mit à errer dans les rues, implorant ceux qu'elle rencontrait de lui donner un remède qui rendrait la vie à son enfant. Certains l'ignorèrent, d'autres se moquèrent d'elle, d'autres encore la crurent folle, mais finalement, sur le chemin, un homme sage lui dit que la seule personne au monde pouvant accomplir le miracle était le Bouddha.

«Elle alla donc voir le Bouddha, déposa le corps de son enfant à ses pieds et lui raconta son histoire. Le Bouddha l'écouta avec une infinie compassion, puis lui dit doucement:

«"Il n'y a qu'un remède au mal qui t'assaille. Descends à la ville et rapporte-moi une graine de moutarde provenant d'une maison où il n'y a jamais eu de mort."

«Transportée de joie, Krisha Gotami se mit immédiatement en route pour la ville. S'arrêtant à la première maison qu'elle vit sur son chemin, elle dit: "Le Bouddha m'a demandé de lui rapporter une graine de moutarde d'une maison qui n'a jamais connu la mort."

«"Beaucoup de gens sont morts dans cette maison", lui fut-il répondu. Elle se rendit à la maison suivante: "Notre famille a connu des morts innombrables", lui dit-on. De même à la troisième et à la quatrième maisons. Finalement, ayant fait le tour de la ville, elle réalisa que la requête du Bouddha ne pouvait être satisfaite.

«Elle emporta le corps de son enfant au cimetière et lui adressa un dernier adieu, puis elle s'en retourna auprès du Bouddha. Celui-ci lui demanda: "As-tu apporté la graine de moutarde?"

«"Non, dit-elle. Je commence à comprendre ce que vous avez voulu me montrer. Le chagrin m'a aveuglée et j'ai cru que j'étais la seule à avoir été éprouvée par les souffrances de la mort."»

Sogyal Rimpoché, *Le livre tibétain de la vie et de la mort*, Paris, Éditions de la Table Ronde, 1993, p. 54-55.

1. Vivre sa solitude

On n'a pas le choix: on est seuls. Il est permis de se bercer d'illusions, mais je préfère regarder les choses en face, bien que cela donne le vertige.

Rainer Maria Rilke

Nous naissons seuls et nous mourrons seuls. Or, entre ces deux événements, plusieurs individus évitent de rencontrer leur solitude. Ils cherchent une présence et des stimuli extérieurs: rencontres familiales, appartenance à des groupes sociaux, télévision, réunions, musique, etc. Une propension au divertissement peut favoriser des rencontres enrichissantes et un épanouissement. Elle peut aussi camoufler la peur de la solitude.

Le sentiment de solitude est souvent présent lors de la perte d'un être cher. D'ailleurs, lorsqu'on souffre, on se sent habituellement seul. En effet, la souffrance crée un espace entre les autres et nous. Les larmes partagées, les douces paroles ou les bras bienveillants ne suffisent plus pour atténuer la douleur. Un des bienfaits du deuil est alors l'apprivoisement de la solitude. Initialement néfaste lorsqu'elle est uniquement associée au vide et à l'absence de l'être aimé, elle se transforme progressivement en source d'espoir et de précieux moments d'intimité avec soi.

Il existe trois formes de solitude: la solitude interpersonnelle, c'est-à-dire l'impression de ne pas avoir de relations significatives et d'être isolé des autres; la solitude intrapersonnelle, c'est-à-dire l'impression d'être un étranger face à soi-même; et la solitude existentielle, qui consiste à avoir l'impression d'être seul au monde, d'être jeté au hasard sur la terre.

Ces trois formes de solitude sont habituellement présentes lors d'une perte. La personne endeuillée se retrouve avec un être en moins dans ses relations sociales (solitude interpersonnelle). Elle ne se reconnaît plus et a peine à vivre avec ses manifestations de deuil (solitude intrapersonnelle). Elle s'interroge sur le sens de la vie et de la mort (solitude existentielle).

De par le caractère unique de chaque être et de chaque relation, la personne endeuillée est condamnée à la solitude. Personne n'a vécu la même relation qu'elle avec la personne décédée. Ainsi, personne ne peut vivre la perte comme elle.

La rencontre avec la solitude a alors lieu. Heureusement, lorsqu'on lui ouvre la porte, on apprend à la connaître et on y découvre une amie précieuse. Après son départ, on apprécie son retour...

En effet, la solitude s'apprend. Elle a d'ailleurs un but: se retrouver. On n'a véritablement accès à soi que dans la solitude. Donnez-vous donc rendez-vous!

Exercice: Se retirer de la vie active

Se retirer temporairement de la vie active pour mieux apprivoiser sa solitude s'avère habituellement bienfaisant lors d'un deuil. Cela permet de respecter son état d'être et sa fragilité plutôt que de répondre aux pressions et aux normes sociales Ainsi, chez soi ou dans un lieu réservé à cet effet, la retraite permet de penser, de noter ses réflexions, de pleurer, d'écrire ses rêves, d'admirer la nature, etc., sans se soucier des autres. Habituellement, l'individu en retraite est plus attentionné à sa vie intérieure, puisqu'il n'est pas sollicité par le rythme effréné de la vie extérieure.

Il existe plusieurs endroits à caractère religieux qui offrent à prix modique ce type de refuge. Il est aussi possible de faire une retraite dans un chalet, en camping, etc. Les moines se retirent dans des monastères, les ermites vont dans le désert, les Amérindiens partent dans la nature en quête de visions... Il s'agit tout simplement de trouver un lieu paisible, favorisant si possible un contact avec la nature, où l'on peut s'isoler pour quelques heures ou quelques jours.

Mais au fait, il n'est pas nécessaire de vivre un deuil pour se réserver des moments de solitude. Pourquoi ne pas se donner régulièrement un rendez-vous avec soi-même ou avec la nature pour se ressourcer?

1. Choisissez l'endroit où vous prévoyez faire votre retraite.
2. À quel moment ferez-vous cette retraite?
3. Préparez cette retraite en vous dépouillant le plus possible. Vous apporterez ce qui est essentiel et laisserez à la maison le superflu. Moins vous aurez de stimulations extérieures, plus vous serez tourné vers votre intérieur. Ainsi, abstenez-vous d'apporter de la musique, de la lecture ou tout ce qui pourrait vous distraire de vous-même!

2. Distinguer les malaises physiques inhérents au deuil

Il arrive que les «maux» du corps soient des «mots» qui cherchent à être entendus...

Même si l'expérience du deuil est universelle, elle diffère d'une personne à l'autre. Or, on peut dire que, de façon générale, tous les individus endeuillés ont des réactions physiologiques, affectives, comportementales et cognitives lors d'un deuil. Ainsi, la santé en général peut être affectée. «Mon corps me fait mal», disent d'ailleurs plusieurs personnes endeuillées.

Les principales manifestations physiques présentes lors d'un deuil sont: sensation d'étouffement, vide abdominal, modification de l'appétit, insomnie, baisse d'énergie, perte d'intérêt pour la sexualité, impression de lourdeur, engourdissements, tension, maux de dos, fatigue intense, période d'hyperactivité, perte de mémoire et de concentration, modification de la tension artérielle, bouche sèche, etc.

Ces différentes manifestations physiques peuvent être immédiates ou tardives, continues ou intermittentes, brèves ou prolongées, aiguës ou lancinantes, etc. Certes, ces malaises peuvent surprendre, mais il n'y a pas toujours lieu de s'inquiéter. En effet, les malaises physiques inhérents au deuil s'atténuent généralement avec le temps.

Ceux-ci sont souvent reliés à une panoplie d'émotions contradictoires (anxiété, culpabilité, tristesse, hostilité, etc.) qui envahissent la personne qui vient de perdre un être cher. À cet effet, il importe de préciser que le deuil n'est pas une maladie. Quoiqu'une médication puisse atténuer les symptômes, il importe de veiller à ne pas trop médicaliser des réactions reliées à la perte. Un médecin saura alors vous conseiller.

Il arrive aussi que certains endeuillés se mettent à ressentir des malaises similaires à ceux de la personne décédée. Ainsi, la conjointe dont le mari est mort d'une crise cardiaque dira ressentir une sensation continue de pincement au cœur, alors qu'un homme dira ressentir un malaise aux jambes tout comme celui dont sa mère se plaignait avant de mourir...

Prendre soin de soi devient alors prioritaire: éviter le stress, accueillir ses émotions et ses peurs, apprivoiser progressivement l'absence, exprimer ces mots qui émergent en soi, etc. Mais au fait, pourquoi attendre de vivre un deuil pour prendre soin de son corps? À l'instant même, faites un geste bénéfique pour votre physique: une marche santé, la dégustation d'un fruit, un massage, quelques étirements, une activité sportive...

Exercice: Veiller à sa fragilité physique

1. Quelles sont les différentes manifestations physiologiques qui sont apparues lors de votre deuil?

   ✍

2. D'après vous, sont-elles reliées au décès?

   ✍

3. Que ferez-vous concrètement pour améliorer votre état de santé?

   ✍

Si nécessaire, consultez un médecin pour vous rassurer sur votre état de santé.

3. Prévenir la maladie

Si on ne peut prévoir l'orientation du vent, on peut toujours améliorer sa capacité à diriger les voiles...

Le deuil, période tumultueuse, nécessite une dépense d'énergie supplémentaire pour l'individu. Il est alors plus à risque d'être malade. Pour prévenir la maladie, certains moyens concrets sont disponibles. Bien qu'ils soient connus de tous, ceux-ci ne sont pas toujours mis en pratique. À cet effet, se les remémorer peut être bénéfique, particulièrement lors d'un deuil, là où la santé est négligée.

Vivre le moment présent. Puisque personne ne sait combien de temps dureront exactement les manifestations du deuil, la personne endeuillée doit se concentrer sur l'instant actuel sans appréhender le futur. Elle développera progressivement des forces qui l'aideront à faire face au quotidien, en temps et lieu.

Gérer son temps. Un horaire régulier est particulièrement important lors d'un deuil. Une organisation de la vie extérieure peut aider à contrer la désorganisation émotive inhérente au deuil.

Dormir au besoin. La personne endeuillée ressent souvent une fatigue physique ou psychologique. Il importe qu'elle respecte ses capacités personnelles et ses limites. Le corps a besoin de repos. Ainsi, elle ne doit pas hésiter à prolonger ses heures de sommeil ou à faire une sieste si tel est son besoin. La personne endeuillée peut alors demander de l'aide pour réaliser ses tâches quotidiennes. Elle peut cesser de travailler si cela s'avère nécessaire et possible. Or, la poursuite de certaines activités est indispensable, car elle permet de maintenir un lien avec le quotidien habituel.

S'alimenter sainement. Les habitudes alimentaires sont souvent modifiées lors d'un deuil. L'appétit manque, l'énergie pour préparer un repas est absente ou encore le fait de manger seul effraie. Pourtant, un régime alimentaire équilibré est essentiel pour retrouver ses forces.

Respirer profondément. La respiration est le mouvement qui nous maintient en vie. Prendre quelques instants pour respirer à partir du ventre aide à se détendre et à apaiser les émotions émergeantes.

Éviter l'alcool, les drogues et les médicaments. La personne souffrante peut chercher à atténuer sa souffrance par des compensations qui anesthésient sa douleur ou encore qui la lui font oublier pour un court moment. À moins d'être suivie par un médecin qui lui recommande une médication, la personne endeuillée devrait éviter toute consommation de psychotropes. Ceux-ci ne sont qu'une échappatoire ponctuelle au chagrin; ils ont tendance à repousser le travail du deuil ou à intensifier ses manifestations.

S'attarder à son image. Il arrive que la personne endeuillée néglige ses soins corporels, son habillement, sa coiffure, etc. Pourtant, une attention particulière à cette dimension aide à ressentir un mieux-être.

Se répéter des phrases positives. Des phrases dites intérieurement comme «Je suis en paix», «Je vais passer à travers» apaisent et influencent positivement les émotions et les actions de la personne endeuillée.

Toucher et être touché. Il a été démontré que le toucher était indispensable à la survie de l'individu. En période de souffrance, le toucher possède donc des pouvoirs bienfaisants. La personne endeuillée a avantage à s'offrir un massage, à bénéficier de caresses, à initier et à savourer les étreintes amicales, etc.

Exercice: Prendre soin de soi

1. Quels sont les aspects de votre vie qui contribuent à prévenir la maladie?

✍

2. Quelles sont les dimensions que vous devez améliorer pour prévenir la maladie?

✍

3. Qu'est-ce que vous ferez concrètement pour améliorer ces dimensions? (Exemples: consulter une diététiste, prendre rendez-vous chez le massothérapeute ou l'esthéticienne, vous inscrire à une activité sportive ou à un cours de relaxation, coller des phrases positives partout dans la maison, acheter de nouveaux vêtements, etc.)

✍

4. Se permettre de pleurer

Lorsque les larmes jaillissent, cueillez-les. Elles donneront à votre bouche des paroles d'amour, à vos mains des gestes de tendresse et à votre corps une douce présence.

La tristesse est habituellement l'émotion prédominante lors de la mort d'un être cher. Certains la gardent prisonnière, la camouflent et la taisent, alors que d'autres la laissent s'exprimer par les larmes. Ces dernières s'avèrent les plus bénéfiques pour favoriser le processus de deuil, puisque le fait de pleurer permet de se libérer progressivement de sa tristesse. En effet, lorsqu'elles se manifestent, les larmes de chagrin, contrairement aux larmes de joie, libèrent une substance calmante et bienfaisante (endomorphine) pour la personne qui pleure. De plus, les larmes font diminuer la sensation d'oppression (dans la gorge ou le thorax) si contraignante lors d'une perte.

Pour pleurer, il faut accepter de montrer sa souffrance et sa vulnérabilité aux autres. Il faut accepter de se révéler. Souvent, la personne endeuillée s'inquiète: «Cela semble s'aggraver. J'allais bien, mais voilà que depuis quelques jours, je ne cesse de pleurer.» Un proverbe anglais dit: «L'âme n'aurait pas d'arcs-en-ciel si les yeux n'avaient pas de larmes.» Ainsi, il n'y a pas lieu de s'inquiéter. Lorsque la tristesse et les larmes abondent, il n'y a qu'à les accueillir comme une amie. Elles sont passagères; elles vont et viennent... comme le soleil et la pluie. Cioran écrivait d'ailleurs: «[...] pour nous conserver en bonne santé, nous ne devrions pas nous modeler sur le sage, mais sur l'enfant, nous rouler par terre et pleurer toutes les fois que nous en avons envie [...]. Pour avoir désappris les larmes, nous sommes sans ressources*.»

---

* Émile Cioran, *La chute dans le temps*, Paris, Gallimard, coll. «Essais», 1966, p. 171-173.

La douleur est grande lorsqu'on perd un être aimé. Il faisait partie intégrante de nous... et avec sa mort, une partie de notre personne semble aussi mourir. Nous nous sentons amputés.

Nos parents, nos amis et nos proches cherchent souvent à atténuer cette douleur par des paroles comme: « Ne pleure pas, ça va passer. Tu vas oublier. Tu vas te refaire une vie », etc. Ils cherchent à donner une connotation rationnelle à la perte. Pourtant, ils devraient dire: « C'est difficile, prends tout ton temps et pleure... » Or, on ne peut accompagner quelqu'un dans son univers émotif au-delà de la route que l'on a soi-même parcourue. Ainsi, on a tous avantage à explorer ses émotions...

Exercice: S'écrire une lettre de réconfort

S'écrire une lettre de réconfort consiste à imaginer ce que la personne décédée nous dirait pour favoriser notre bien-être. Même si, en se référant à la personnalité de la personne défunte lorsqu'elle était vivante, il nous paraît impossible qu'elle puisse nous dire de telles choses, nous lui attribuons les paroles réconfortantes dont nous avons besoin.

Ainsi, l'individu qui se sent contrarié peut imaginer tout ce qu'il souhaite entendre: des excuses, une grande compréhension, la reconnaissance de ses qualités, etc. L'écriture lui offre alors un soutien symbolique et le libère de ses désagréments.

Chacun sait, au fond de lui-même, ce qui est bénéfique pour lui. Souvent, la personne qui écrit imagine le message que lui transmettrait la personne décédée. Des conseils, des réponses à des questions ou des éclaircissements émergent alors. En effet, lors de cet exercice, les gens ont tendance à écrire une lettre empreinte de sagesse.

D'autres préfèrent imaginer une issue différente à la réalité. Ainsi, dans leur lettre, ils reconstituent la situation selon ce qu'ils imaginent être les souhaits du défunt. Ils se permettent alors d'explorer des sensations positives et agréables qui les apaisent. Ils reconnaissent ce qui leur a manqué et se donnent la permission de le vivre une fois, même si cela n'est qu'en imagination.

Peu importe le contenu de la lettre, imaginer ce que la personne décédée écrit, de là où elle est, aide habituellement à terminer certaines tâches (promesses faites au défunt, succession à finaliser) qui facilitent la progression du deuil. Ainsi, le processus d'écriture et la relecture ultérieure de cette lettre favorisent l'expression des émotions. La lettre peut également favoriser le pardon ou encore rappeler à la personne décédée les bons moments passés avec elle, ses qualités ou ce qu'elle doit préserver de cette relation.

L'écriture apaise donc la souffrance et aide la personne endeuillée à s'en détacher. En établissant ce que le défunt lui transmet comme message, elle fait de cette information une unité distincte d'elle-même. Ce message prend alors place dans les souvenirs plutôt que dans l'être tout entier. Ainsi, par cette différenciation, la personne endeuillée s'approprie le pouvoir d'agir et peut plus rapidement réorganiser sa vie sans l'être cher.

Se souvenir du défunt apporte également un réconfort. La lettre devient une forme d'héritage laissé par celui-ci qui agit comme source d'inspiration ou guide pour la personne endeuillée. Tout comme lorsqu'une personne consulte un être de confiance avant de prendre une décision, cet exercice permet d'obtenir un autre point de vue. La personne endeuillée y découvre alors des indices sur la direction à prendre pour accéder à un mieux-être.

5. Exprimer sainement sa colère

> *Parce que la colère nous rend malheureux, on dit qu'il serait bon de l'éliminer. Parce que la compassion et la bonté aimante engendrent un sentiment de bonheur, on dit qu'il est bon de développer ces qualités.*
>
> Dalaï-Lama, *Du bonheur de vivre et de mourir en paix*, Paris, Éditions du Seuil, 1998, p. 186.

Lorsque la personne endeuillée reconnaît la réalité de la mort, elle peut vivre de multiples émotions, dont la colère et l'irritation. « Pourquoi cela m'arrive-t-il? Pourquoi est-ce lui qui est mort? » s'interroge-t-elle.

Il est légitime de ressentir de la colère ou de l'agressivité lors d'un deuil. Celles-ci peuvent même être perçues comme un pas vers un mieux-être. En effet, alors que la tristesse mobilise l'énergie de l'individu et l'affaiblit, la colère correspond à une hausse d'énergie et incite à l'action. Souvent, la personne endeuillée ne se permet pas de ressentir de la colère, encore moins de l'exprimer, surtout contre le défunt. Elle peut alors la retourner contre elle-même en adoptant des comportements autodestructeurs.

Ainsi, reconnaître sa colère, l'exprimer le plus sainement possible (par l'écriture, par des activités sportives intenses, etc.) et bénéficier de relations interpersonnelles significatives sont habituellement favorables au déroulement du deuil.

Confrontée à des impressions de non-sens à vivre ou à sa solitude, la personne endeuillée peut, plutôt que d'assumer sa colère et les injustices inhérentes à la vie, en vouloir à Dieu, à l'humanité, à ses amis, au médecin, etc.

Les personnes qui font partie du quotidien des endeuillés sont d'ailleurs souvent victimes de ces sentiments d'hostilité ou de rancœur. Or, il importe de se rappeler que l'endeuillé colérique est souvent celui qui a le plus besoin d'aide pour atténuer sa souffrance. En effet, l'écoute et la compréhension favorisent habituellement une réconciliation de la personne endeuillée.

Exercice: Exprimer sa colère

1. Qu'est-ce qui vous fâche ou suscite en vous de la colère?

   ✍

2. Comment l'exprimez vous?

   ✍

3. Envers qui cette colère est-elle dirigée?

   ✍

4. En présence de quelles personnes exprimez-vous votre colère?

   ✍

5. Votre façon d'exprimer votre colère vous convient-elle?

   ✍

6. Sinon, que pourriez-vous faire pour exprimer votre colère plus sainement?

✍

Une façon d'exprimer sa colère consiste à trouver un endroit où vous pourrez librement exprimer votre colère par des cris ou des coups sur un matelas, un oreiller ou un *punching bag*. Il s'agit alors de frapper et de crier le plus fort possible afin de laisser sortir sa colère. Il est possible que vous ayez certaines résistances à faire cet exercice; pourtant, il est très libérateur. Les cris et les mouvements des bras suscitent un effet d'entraînement. Il ne reste qu'à commencer!

6. Ne pas comparer sa souffrance

Je pleurais parce que je n'avais pas de souliers jusqu'au jour où j'ai rencontré quelqu'un qui n'avait pas de pieds.

Souvent, lorsqu'on souffre, un mur semble érigé autour de nous et nous empêche de voir la souffrance des autres. Lors des premières semaines après la mort d'un être cher, par exemple, notre réalité nous semble souvent la plus injuste ou difficile. Progressivement, nous gravissons les escaliers qui nous permettent de voir au-delà de notre propre blessure.

Il arrive alors que deux personnes se mettent à comparer leur souffrance, chacune tentant d'accentuer la sienne comme s'il s'agissait d'une victoire que d'être élue «la plus grande victime». Pourtant, la souffrance ne se compare pas. Il ne reste qu'à reconnaître et à accueillir la douleur des autres. Mettre du baume au cœur de l'autre est d'ailleurs aussi apaisant pour celui qui le dispense.

Une amie me racontait cette belle histoire de deux hommes hospitalisés, confinés à leur lit, dans la même chambre. L'homme dont le lit était près de la fenêtre occupait une position assise. Ainsi, chaque après-midi, il décrivait à son collègue de chambre, alité et incapable de se lever, ce qu'il voyait. Une heure à peindre avec des mots le soleil sur les arbres, les amoureux qui se promènent enlacés, un enfant riant aux éclats avec sa mère, un oiseau posé près de l'étang, les fleurs aux couleurs de l'arc-en-ciel...

Cette heure quotidienne était devenue un rituel attendu. Pendant que l'homme près de la fenêtre décrivait chacune des scènes, l'autre fermait les yeux et se laissait bercer par cette poésie et cette beauté vivante si près de lui.

Un matin, l'homme à la fenêtre fut trouvé sans vie, mort paisiblement pendant son sommeil. L'homme alité demanda alors à l'infirmière d'occuper le lit près de la fenêtre. Ravie de lui offrir cette petite faveur, elle s'assura de son confort et le quitta. Péniblement, l'homme s'appuya sur ses coudes pour regarder dehors. Il y découvrit un mur de béton! Il appela l'infirmière et lui demanda pourquoi l'homme lui avait décrit une tout autre réalité. «Il était aveugle, répondit-elle. Il voulait vous encourager...»

Il y a un bonheur extraordinaire à rendre heureux, en dépit de nos propres souffrances. Rappelons-nous que la personne qui sait partager sa peine l'atténue alors que celle qui sait partager son bonheur le multiplie, et ce, au-delà du deuil!

Exercice: Aller au-delà de sa souffrance personnelle

À l'école maternelle, un petit garçon portait toujours deux mouchoirs sur lui. Le maître lui demanda pourquoi: «Le premier, c'est pour me moucher. Le second, c'est pour essuyer les yeux de ceux qui pleurent.»

1. Nommez, dans votre entourage, une personne souffrante ou un organisme communautaire qui vient en aide à des personnes dans le besoin.

   ____

2. Trouvez une façon concrète de faire un geste pour les aider.

   ✍

3. Faites-le.

7. Découvrir les pertes associées

Quand nous comprendrons notre propre réalité, nous reconnaîtrons la solution au problème de la souffrance.

William Hart, *L'art de vivre*, Paris, Éditions du Seuil, 1997, p. 45.

Lorsqu'un être significatif disparaît, plusieurs changements surviennent dans la vie de la personne endeuillée. Non seulement elle ne bénéficie plus de la présence de cet individu, mais elle constate la perte de tous les rôles qu'il jouait dans sa vie.

Lors de la mort de son conjoint, par exemple, une femme peut aussi perdre le père de ses enfants, son amant, son confident, son mécanicien, son ami de longue date, son partenaire de voyages et l'homme à tout faire dans la maison. Ces différentes pertes reliées aux rôles que jouait l'individu décédé dans la vie de la personne endeuillée sont appelées des pertes associées.

Pour faire le deuil d'un individu, il importe de savoir tout ce qu'il représentait pour soi. En sachant quelles sont les différentes pertes vécues, la personne endeuillée comprend davantage sa souffrance et peut éventuellement trouver des substituts à celles-ci.

Les rôles et les tâches d'une personne sont diverses. Elle peut être un confident, un ami, un amant, un éducateur, un cuisinier, un jardinier, le partenaire de ses projets de vie ou de ses loisirs, etc.

La personne endeuillée peut aussi perdre une part d'elle-même avec la mort d'un être cher. En effet, une part de soi qui s'exprimait en présence de l'être décédé n'a plus sa place. Par exemple, une femme a perdu sa santé, sa confiance en elle, sa sécurité financière et affective à la suite du décès de son conjoint. Une autre a dû quitter son emploi et a perdu son autonomie. Un homme a perdu, avec la mort de sa femme, celle avec qui il pouvait exprimer son affection et sa douceur. Ainsi, la présence d'un être dans notre vie peut nous procurer plusieurs bienfaits ou avantages.

Certains remarquent aussi des pertes bienfaisantes. Une personne qui était contrôlée par le défunt peut se sentir libérée à sa mort. Une autre qui a perdu un conjoint malade et plaignard peut se sentir soulagée de ne plus avoir à prendre soin d'un adulte et de le protéger.

Les pertes associées peuvent donc être agréables ou désagréables. Après les avoir trouvées, la personne endeuillée peut observer ses différentes réactions. Il se peut qu'elle ait à assumer de nouveaux rôles ou à apporter les changements nécessaires pour s'adapter à ces pertes associées. Elle est alors en mesure d'entreprendre une démarche pour les combler.

Exercice: Découvrir les pertes associées

Pour connaître les pertes associées lors d'un décès, il suffit de compléter la phrase suivante, autant de fois que nécessaire:

«Quand (dites le nom du défunt) est mort, j'ai principalement perdu (énumérez les différents rôles ou tâches de la personne décédée).»

✍

8. Minimiser les tourments de la désorganisation

Parfois, on a le goût de vivre, parfois, le goût de mourir. Et le goût de mourir est un signe qu'il faut écouter. Ça ne veut pas dire que vous devriez mourir physiquement. C'est votre âme qui murmure que vous êtes prêt à passer à une autre étape, que quelque chose doit mourir en vous comme une graine meurt pour laisser place à une plante. Le goût de mourir est le besoin de naître à nouveau.

Paule Lebrun, *La déesse et la panthère*, Montréal, Éditions du Roseau, 1998, p. 165.

Même si la personne endeuillée cherche à prévenir la maladie par une vie saine, elle est inévitablement confrontée à une désorganisation de sa vie habituelle. En effet, les nombreuses émotions qui l'habitent, les manifestions physiques (étouffements, insomnie, etc.) et cognitives (perte de concentration et de mémoire, etc.) qui surviennent lui donnent l'impression de ne plus se reconnaître. Des moments d'agitation intense alternent avec une perte totale d'énergie et d'intérêt envers la vie. Cette période de désorganisation est particulièrement difficile à vivre, tant pour la personne endeuillée que pour ses proches.

La personne endeuillée a peine à se comprendre et tend à s'isoler. Les problèmes des gens lui semblent anodins comparativement à ses propres difficultés. Ses habitudes de vie sont modifiées et elle n'a pas encore développé de nouvelles façons de vivre. Désemparée, elle ne sait plus comment agir sans l'être disparu et craint même, quelquefois, de ne pouvoir survivre à sa mort.

Afin de prévenir la maladie et de minimiser les tourments de la désorganisation, il est important de savoir comment se manifeste cette désorganisation. En effet, c'est en cernant les dimensions dans lesquelles apparaît le déséquilibre que l'individu peut travailler à la redécouverte de la stabilité et à la réorganisation de sa vie.

Lorsqu'on est en canot, il est toujours plus facile de pagayer dans le sens du courant pour s'éloigner des rapides. Mais on ne peut arrêter les vagues... Il vaut mieux les connaître, savoir ramer et s'en faire des alliées.

Tout comme le courant, la douleur est parfois intense. Elle se transforme, revient et repart. On peut se débattre et aller à contre-courant. On peut aussi explorer cette souffrance qui nous assaille pour apprendre à s'en éloigner.

Exercice: Retrouver l'équilibre

1. Comment se manifeste la désorganisation dans votre vie?

✍

2. Quelles sont les activités qui n'ont plus de sens?

✍

3. Certaines personnes se mettent dans un état d'activité intense afin de ne pas penser à la personne décédée. Quels sont les moments et les endroits où vous faites preuve d'hyperactivité?

✍

4. Quels les moyens de compensation utilisez-vous pendant les moments de désorganisation? (Exemples: alcool, drogues, nourriture, jeu, travail excessif, etc.)

✍

5. Comment se manifeste, s'il y a lieu, votre absence de goût de vivre? Que faites-vous dans ces moments?

✍

6. Que ferez-vous concrètement pour retrouver votre équilibre?

✍

9. Transformer sa culpabilité en pardon

L'erreur est humaine, le pardon divin.

A. Pope, dans Claude Archambault, *Le jardin intérieur*, Montréal, Éditions Trustar, 1995, p. 239.

Il vous arrive peut-être de commencer vos phrases par: «J'aurais donc dû, si seulement c'était à recommencer, avoir su...», etc. Que la mort soit survenue rapidement ou après une longue maladie, qu'elle ait été prévue ou non, les regrets sont possibles.

«J'aurais dû lui dire davantage que je l'aimais, je n'aurais pas dû le placer en centre d'accueil, j'aurais dû le prendre plus au sérieux, j'aurais dû changer de médecin, si c'était à recommencer, je serais plus patiente, avoir su, j'aurais partagé plus de temps avec lui», etc., disent des personnes endeuillées. Ainsi, avec du recul, elles agiraient différemment.

Il arrive que celles-ci regrettent leurs pensées, leurs émotions, leurs paroles ou les gestes faits ou omis à l'égard du défunt. S'ensuivent une impression d'inachevé, de la honte et de la culpabilité. Bien que certains regrets puissent être légitimes, il est inutile de se laisser envahir par eux. En effet, au moment où l'individu fait un choix, il le fait avec les ressources du moment, au meilleur de son potentiel et de ses connaissances dans les circonstances présentes.

Pour remédier à la culpabilité, le pardon existe. Il s'agit d'une réconciliation avec ce qui a été. L'affection, la compréhension et le respect qu'on donne aux autres peuvent aussi nous être attribués. Certains se reprochent ce qu'ils ne se permettraient jamais de reprocher aux autres. Ils sont alors plus tolérants à l'égard de leur environnement que d'eux-mêmes. Nous sommes tous humains et cela implique des limites et des imperfections. Pardonner, c'est faire la paix avec ses souvenirs.

Bien que certaines situations soient difficilement changeables, il est toujours possible de transformer cette impression de culpabilité. En effet, il n'est jamais trop tard, quoi qu'on en pense, pour améliorer une situation. Il s'agit avant tout de reconnaître que personne n'est «coupable». Des regrets peuvent être présents. Peu importe leur nature ou leur intensité, il est toujours possible de s'en libérer et de faire la paix. Pour ce faire, il faut les reconnaître et se permettre de les exprimer.

Rappelons-nous toutefois que la façon la plus simple de transformer sa culpabilité en pardon est de minimiser les regrets... Qu'aimeriez-vous faire aux personnes chères, être pour elles ou leur dire?

Exercice: Amorcer une démarche de pardon

Depuis que nous sommes jeunes, on nous enseigne à aimer et à partager. Ainsi, lorsque nous ressentons de l'amertume, nous la gardons au fond de nous. Elle se développe et grandit.

Se permettre de connaître son amertume ou sa colère envers les autres est une des premières étapes du pardon. Ainsi, certaines personnes endeuillées en veulent au défunt de les avoir quittées. D'autres, comme nous l'avons vu, s'en veulent et se culpabilisent. L'exercice qui suit peut être aidant pour amorcer une démarche de pardon.

1. À qui voulez-vous pardonner?

2. Quels sont les regrets ou les torts pour lesquels vous demandez pardon? Dites ce que vous auriez aimé faire, être, dire, ressentir, etc.

✍

3. Répétez alors à plusieurs reprises:
Je pardonne à ______________________________
d'avoir ______________________________. Il a fait ce qu'il lui était alors possible de faire avec ce qu'il était.

OU

Je me pardonne ______________________________
__. J'ai fait ce qu'il m'était alors possible de faire avec ce que j'étais.

10. Utiliser son réseau de soutien et ses ressources

La personne autonome, responsable et forte sait qu'elle a besoin des autres.

Lors d'un deuil, l'individu a souvent l'impression que sa vie sociale bascule. Ambivalent, il souhaite à la fois la solitude et la présence des autres. Plusieurs changements ont alors lieu dans la nature de ses relations et dans la composition même de son réseau social.

En effet, la personne endeuillée peut perdre sa spontanéité habituelle. Elle craint alors d'ennuyer les autres par ses larmes, sa souffrance ou son désir de parler du défunt. «Il me semble que je ne suis plus intéressant», disait un homme. Pourtant, il est habituel de vouloir parler du défunt. Le souvenir atténue la peine reliée à la perte et la parole permet d'apprivoiser progressivement l'absence.

Si certains individus sont incapables de composer avec les émotions ou d'entendre parler du défunt, ils se doivent de le dire. Voir quelqu'un souffrir ramène quelquefois à ses propres blessures non guéries et à ses limites personnelles. D'autres, mal à l'aise, préfèrent s'éloigner de crainte de ne pas agir correctement ou d'éveiller la peine s'ils parlent du défunt.

Heureusement, une ou deux personnes ayant elles-mêmes vécu un deuil ou plus attentives aux autres sont habituellement d'un précieux réconfort. Plusieurs personnes disent avoir été surprises de la qualité de présence des autres ou encore avoir reconnu leurs vrais amis lors d'une période de transition. En effet, les moments difficiles permettent parfois de prendre conscience des gens aimants qui nous entourent.

Parallèlement, certains individus endeuillés se disent incapables de partager les joies de leur entourage. Sans être envieux, leur souffrance jette une ombre sur le bonheur et ils préfèrent s'isoler. Les activités qui avaient autrefois du sens sont perçues comme futiles. Le rire laisse place à un sentiment de culpabilité. Les plaisirs d'autrui semblent inaccessibles. Il faut parfois du courage pour maintenir certains liens. Tenter de garder contact avec les personnes les plus significatives ne peut être qu'aidant.

Lors d'un deuil, plusieurs précisent également être incapables de tolérer les plaintes des gens. Ils ne peuvent être empathiques à leurs difficultés, jugées bien secondaires comparativement à leur souffrance. Effectivement, aucune difficulté ne semble plus grande que la perte d'un être aimé pour la personne endeuillée. Cette souffrance incite d'ailleurs à minimiser les autres difficultés quotidiennes. Une sagesse à partager avec d'autres personnes significatives...

Pour trouver ces personnes, vous pouvez faire un exercice de visualisation. Imaginez-vous dans un endroit agréable. À l'aide d'une lumière, créez une frontière autour de vous. Représentez-vous une petite ouverture par laquelle vous voyez les personnes de votre entourage se présenter. Lesquelles laissez-vous entrer dans votre espace? Jusqu'à quelle distance? Pourquoi? Qu'en est-il dans votre quotidien?

Exercice: Découvrir et exprimer ses besoins

Il faut souvent faire attention à ce que l'on demande, car il y a de fortes chances qu'on l'obtienne.

1. Nommez cinq besoins et inscrivez pour chacun d'eux comment vous pouvez les réaliser. Précisez le plus d'étapes possible.

   ✍

2. Nommez au moins deux personnes à qui vous pourriez demander de l'aide pour vous accompagner dans la réalisation de ces besoins. Précisez de quel genre d'aide il s'agit.

   ✍

3. Choisissez un de ces cinq besoins et réalisez votre plan d'action!

11. Différencier les signes personnels du hasard

«D'où vient cette flamme?» demande le rabbin au petit kid qui vient d'allumer une chandelle. Le kid le regarde dans les yeux, réfléchit quelques secondes, éclate de rire et souffle sur la flamme de la chandelle. «Dis-moi où elle est partie et je te dirai d'où elle vient.»

Paule Lebrun, *La déesse et la panthère*, Montréal, Éditions du Roseau, 1998, p. 34.

À la suite de la mort d'un être cher, plusieurs personnes disent recevoir des «signes» du défunt ou encore en attendre. Elles souhaitent que le défunt se manifeste. La sonnerie du téléphone, la présence d'un oiseau, une rencontre significative, un bouquet de fleurs, etc., tout peut être perçu comme un signe apaisant pour la personne endeuillée. Après tout, le poète Eluard ne disait-il pas: «Il n'y a pas de hasard, il n'y a que des rendez-vous»?

Habituellement, la personne endeuillée s'interroge: est-ce le fruit du hasard, une manifestation, un rendez-vous? Est-ce que je me fais des idées? Est-ce que je deviens folle? Personne ne détient les réponses à ces questions. Or, lorsqu'une personne trouve un élément qui a du sens pour elle et qui est bienfaisant, pourquoi ne pas en profiter pour simplement accueillir ce «signe»...

Carl Jung fut l'un des premiers à affirmer qu'il existe une correspondance mystérieuse entre les événements extérieurs et les expériences personnelles. Il a appelé ce phénomène la synchronicité. Selon lui, il ne s'agit pas du hasard ni d'un phénomène pouvant s'expliquer de façon linéaire, c'est-à-dire de cause à effet. Une forme d'orchestration établie par une mystérieuse force supérieure en serait plutôt à l'origine.

Ainsi, une rencontre, un rêve ou divers incidents en apparence insignifiants peuvent être porteurs de sens à qui sait les reconnaître. Tout le monde a eu un jour une expérience qualifiée de coïncidence ou d'heureux hasard... Certains y voient un message duquel ils tirent un sens.

Certains individus endeuillés souhaitent que le défunt leur rende visite pendant leurs activités oniriques, par exemple. Lorsque le rêve se produit, ils y voient un signe que le défunt veille sur eux. D'autres y voient plutôt un signe de leur agitation émotive. Ils croient que les rêves offrent simplement des informations sur le quotidien et les préoccupations d'une personne. La vérité? Peu importe!

Presque n'importe quel événement peut devenir porteur de sens si nous y sommes attentifs et ouverts. Il s'agit de trouver ce qui apaise et est bienfaisant pour soi. La tendance à voir un signe de malchance ou à s'affoler en interprétant la réalité serait plus problématique. Plusieurs s'inquiètent des cauchemars, par exemple. Ils jouent pourtant un rôle libérateur de tension tout en étant inoffensifs.

À chacun de choisir la place qu'il désire laisser aux signes porteurs de sens. Or, lorsqu'ils tendent à être interprétés avec une connotation négative ou à être une source de crainte, pourquoi ne pas les attribuer simplement au hasard?

Souvent, des personnes en deuil disent recevoir des clins d'œil positifs de l'invisible. Personne ne peut montrer ces signes. Ils sont personnels et n'existent que pour ceux qui savent les reconnaître. Ils sont bien réels même si on n'ose pas toujours les partager.

Au fait, il semble que ces clins d'œil, moments de grâce et de gentillesse, peuvent être perçus par qui sait y être attentif. Serez-vous de ceux qui vont les offrir ou de ceux qui vont les recevoir?

Exercice: Se souvenir de ses rêves et les analyser

Plusieurs personnes ne se souviennent pas de leurs rêves. Diverses explications sont données pour justifier cet oubli, mais la plus évidente est certes le manque d'intérêt pour l'activité mentale qui a lieu pendant le sommeil. La personne qui souhaite se souvenir de ses rêves peut habituellement y arriver. Il suffit de s'y intéresser et d'appliquer les quelques règles suivantes.

1. Avant de vous coucher, décidez de vous souvenir de vos rêves. Gardez un papier, un crayon ou un magnétophone près de vous.
2. Encouragez la venue et le rappel de vos rêves à l'aide de phrases autosuggestives comme «Je vais me souvenir de mes rêves».
3. Au moment du réveil, gardez les yeux fermés. Restez étendu et tentez de vous rappeler votre rêve.
4. Le souvenir d'un rêve s'estompe rapidement. Prenez le temps de noter ou d'enregistrer votre rêve aussitôt que possible.
5. Même si un rêve vous semble sans importance ou banal, prenez quand même le temps de le noter spontanément, au présent, comme s'il se déroulait sous vos yeux ou que vous étiez en train de le vivre. Écrivez toujours le plus de détails possible (sensations, émotions ressenties, couleurs, personnages, etc.). La plupart du temps, les éléments dominants du rêve s'imposent d'eux-mêmes. Ce sera un personnage, un comportement, une émotion, l'ambiance générale, etc.

Pour analyser un rêve, plusieurs cherchent à trouver une signification dans des livres d'interprétation. Bien que vous puissiez y trouver quelques indices, le rêveur est le plus apte à donner un sens à ses rêves. Pour ce faire, les étapes suivantes peuvent aider.

1. Inscrivez la date du rêve. Elle peut être utile pour des références ultérieures.

2. Donnez un titre au rêve. Celui-ci permet de le synthétiser, d'en capter l'essentiel.

3. Trouvez au moins cinq mots clés (symboles) dans votre rêve.

   ✍

4. Pour chacun de ces mots, dites ce qu'ils signifient pour vous en laissant émerger les nouvelles images qui font surface, sans intervenir avec des jugements. Il s'agit de faire, en moyenne, quatre ou cinq associations par mot.

   ✍

5. Précisez comment ces mots et ces associations se manifestent dans votre vie. Tentez de faire des liens et d'être explicite.

   ✍

Maintenant, n'oubliez pas que l'objectif lors de l'analyse d'un rêve n'est pas de contrôler son univers, mais bien d'apprendre à mieux le connaître pour mieux y vivre.

12. Vivre les premières fois

> *Je venais d'apprendre que la vie, comme le paysage, continue toujours à perte de vue et que rien ne finit vraiment.*
>
> Lise Thouin, *De l'autre côté des choses*, Montréal, Libre Expression, 1996, p. 336.

Plusieurs personnes endeuillées trouvent particulièrement difficiles les «premières fois» sans l'être cher: premier anniversaire, première neige, premier Noël, premier repas avec le mets favori du défunt, premières vacances, etc. Tout rappelle l'absence: une musique, un silence, une odeur, un objet, un rien...

Ces personnes se rappellent les moments partagés avec l'être décédé. Elles ressentent le poids de l'absence et se mettent à appréhender toutes les premières fois. Il arrive que les proches tentent d'apporter un certain réconfort: «Il sera avec toi en pensée», disent-ils. Or, ces paroles ne viennent pas combler le désir de serrer l'être cher dans ses bras, d'entendre son rire et de bénéficier de tous les petits gestes qui faisaient de lui un être unique et irremplaçable.

Malheureusement, il n'y a pas de recette miracle pour traverser cette période de désert et de gouffre... que celle des premières fois pour une personne endeuillée. Les premières fois s'avèrent effectivement les plus difficiles. La personne absente nous manque et nous avons peine à profiter de l'instant présent, trop préoccupés par l'absence. Or, les premières fois se transforment avec le temps en deuxièmes fois, en troisièmes fois, etc., et la souffrance s'atténue. La personne endeuillée sait qu'elle a été capable de vivre les premières fois et cela lui donne du courage pour les fois suivantes. Ainsi, le souvenir de l'être cher disparu demeure, mais de nouveaux souvenirs prennent place dans la mémoire.

Tenter d'organiser certains moments autour du souvenir du défunt peut aussi être aidant. Il peut s'agir d'y intégrer un temps de recueillement, une visite au cimetière, une bougie allumée au nom du défunt, de la musique, des fleurs, etc. Chose certaine, pour atténuer la souffrance des premières fois, la personne endeuillée a avantage à prévoir une activité agréable, seule ou avec des êtres chers, pour vivre ce moment empreint de nostalgie. De plus, les gestes faits en guise de rituels (photos, chandelles, mots commémoratifs, plantation d'un arbre souvenir, etc.) donnent un sens à un moment qui en était dépourvu sans le défunt. La personne endeuillée peut aussi dire à ses proches que cette «première» est particulièrement difficile pour elle afin qu'ils soient compréhensifs et respectent son rythme.

Mais rappelons-nous que les premières fois peuvent aussi être agréables. La personne endeuillée et son entourage doivent se donner la permission de rire et d'avoir du plaisir même si l'être cher n'y est plus. Mais au fait, pourquoi ne pas créer des «premières fois» empreintes de plaisir en tout temps? Une nouvelle recette, une destination de voyage inhabituelle, un loisir innovateur, une musique à découvrir, une activité inusitée, etc., peuvent être des premières fois agréables.

Exercice: Ne plus craindre les premières fois

1. Quelles sont les premières fois que vous craignez davantage?

   ✍

2. Quelle est la nature de vos craintes?

   ✍

3. Que pourriez-vous faire pour intégrer le souvenir du défunt à ces premières fois?

   ✍

4. Que pourriez-vous faire pour agrémenter ces premières fois de plaisir?

   ✍

5. Serez-vous seul ou accompagné?

6. Nommez des premières fois qui sont déjà du passé?

   ✍

7. Quelle était la nature de vos craintes?

   ✍

8. Étaient-elles justifiées?

✍

9. Comment avez-vous réussi à vivre ces premières fois?

✍

10. Quels apprentissages ou quelle source de confiance en vous pouvez-vous retirer de ces premières fois?

✍

13. Créer des rituels significatifs

Le rituel, ce langage du cœur et de l'âme, permet de donner un sens au-delà des mots.

Un rituel est un geste ou un ensemble de gestes que l'on fait pour apaiser l'intensité des émotions qu'éveille en nous un événement ou encore pour donner un sens à cet événement. Certains rituels, comme ceux qui président à la naissance d'un enfant, à un mariage ou à un décès, font l'objet de cérémonies religieuses définies. D'autres rituels sont plus sociaux, familiaux, individuels...

Une chose est certaine, les rituels sont aidants et contribuent au déroulement positif d'un deuil. Ils permettent de symboliser ce qui ne peut être dit. En fait, plusieurs personnes peuvent participer à un même rituel et y réagir de façons différentes. Au-delà de ces différences individuelles, on peut distinguer quelques grandes fonctions des rituels.

- Le rituel marque un temps d'arrêt. Il favorise le ralentissement des activités habituelles. La dimension prévisible d'un rituel offre un cadre sécurisant dans le temps et l'espace.
- Le rituel contribue à resserrer les liens. Il vise habituellement le partage, puisque les gens se sentent solidaires. Lorsqu'ils vivent une épreuve similaire, le rituel atténue leur souffrance en minimisant le sentiment de solitude.
- Le rituel favorise l'expression des émotions et, souvent, par le fait même, leur apaisement; dire pour moins souffrir. Il met donc en place un événement qui suscite des émotions. Si celles-ci n'étaient pas exprimées, elles risqueraient de continuer d'affecter le sujet de façon diffuse.
- Le rituel soutient la mémoire. Par des gestes ou des objets, la personne qui met en place un rituel réactive les souvenirs.

Nous n'oublions jamais une personne chère décédée. Par le rituel, l'individu offre au défunt une nouvelle place dans sa vie et lui demeure fidèle.

- Le rituel rétablit ou confirme un sentiment d'identité. Il favorise la stabilité de ceux qui y participent. C'est un agent de cohésion dans la vie d'une personne ou d'une société. Par sa prévisibilité, il aide les gens à préserver un sentiment d'identité.
- Le rituel contribue à donner du sens. Après la mort d'un être cher, il faut retrouver un sens à la vie. Le rituel permet de tolérer la rupture en affirmant la continuité de la vie après la mort (dans le cas des rituels religieux), de la relation avec le défunt, de la vie des survivants, etc.

Plusieurs autres fonctions bénéfiques peuvent être attribuées aux rituels. Pour les découvrir, trouvez une façon de marquer ou de ponctuer votre quotidien...

Exercice: Organiser un événement significatif

1. Choisissez un moment où vous ferez votre rituel. Il peut être quotidien, hebdomadaire, mensuel ou annuel. Il est aussi possible que votre rituel soit fait une seule fois.
2. Choisissez les symboles physiques qui seront utilisés. Il peut s'agir d'objets ayant appartenu au défunt, symbolisant un de ses traits de caractère, représentant ses activités préférées ou encore d'un objet créé pour la circonstance (lettre, poème, montage de photos, etc.).
3. Vous pouvez aussi ajouter à ces catégories les symboles plus universels comme l'eau, le feu, la végétation, la lumière, etc.
4. Déterminez les personnes qui participeront à ce rituel. Un rituel peut se faire de façon solitaire, en présence d'un intervenant, des membres de la famille ou

des proches. Le choix des participants relève de vos besoins et de votre désir de vous centrer exclusivement sur vous ou de tenir compte des besoins de plusieurs personnes subissant la même perte que vous.

5. Planifiez la démarche rituelle comme telle. L'action symbolique que vous accomplirez dépend évidemment de vos besoins et des objectifs du rituel. Au besoin, la démarche rituelle peut s'échelonner sur plusieurs séances. Par exemple, un rituel d'adieu ne devrait pas consister à se départir abruptement de toutes les possessions du défunt si vous êtes encore très attaché à lui. Il peut s'agir de différents moments pendant lesquels vous ferez le classement des possessions du défunt, la distribution des livres, des vêtements, des outils, des photos, etc.

Pour que l'effet du rituel soit optimal, votre engagement émotif doit être suffisant sans être excessif. Si vous organisez un repas en l'honneur du défunt, par exemple, il importe de choisir un menu, une musique ou de le ponctuer de témoignages qui viendront donner un sens au rassemblement. En effet, si les sujets assistent passivement à ce souper, celui-ci ne fera pas figure de rituel. Il ne peut alors pas être aidant dans le travail du deuil. Une dimension émotive est donc nécessaire lors d'un rituel.

LE PRINTEMPS

La perle

«Une huître dit un jour à sa voisine: "Je sens une grande douleur au-dedans de moi. C'est quelque chose de lourd et de rond, et je suis épuisée!"

«Prétentieuse et satisfaite, l'autre lui répondit: "Loués soit le ciel et la terre, moi je ne sens aucune douleur en moi. Je vois très bien et je suis en bonne santé au-dedans comme au-dehors."

«À ce moment-là, un crabe s'approcha. Il avait entendu ce que venaient de dire les deux huîtres. Il s'adressa à celle qui allait bien et qui était en bonne santé au-dedans comme au-dehors, et il lui dit: "D'accord, tu te portes bien et tu es en bonne santé, mais la douleur que ta voisine porte au-dedans d'elle-même, c'est une perle d'une extraordinaire beauté!"»

Bruno Ferrero, *Quand fleurit le désert*, Strasbourg, Éditions du Signe, coll. «Graines de sagesse», 1997, p. 54.

1. Maintenir une relation avec le défunt

On aime véritablement que lorsqu'on ne peut s'en empêcher.

J. Muller, dans Claude Archambault, *Le jardin intérieur*, Montréal, Éditions Trustar, 1995, p. 41.

Plusieurs personnes endeuillées s'interrogent: «Je lui parle comme s'il était vivant. Avant de m'endormir, je partage mes joies et mes peines de la journée avec lui. Devant sa photo, je lui fais part de mes inquiétudes. Je lui demande conseil. Est-ce normal?»

Ces différentes façons de maintenir une relation avec le défunt sont habituelles. En effet, il est difficile de cesser subitement une relation qui a été significative. Ainsi, lors d'un décès, la nature de la relation se transforme, sans qu'elle cesse pour autant. Certains ont besoin d'une relation soutenue. Ils éprouvent, par exemple, le besoin de parler tous les jours à l'être cher. D'autres se contentent d'accueillir les souvenirs qui surgissent de temps à autre.

Souvent, la communication avec la personne décédée aide à vivre les intempéries du deuil et sert de soutien au quotidien. À cet effet, elle s'avère positive. Si, par contre, la personne endeuillée n'entretient des relations qu'avec le défunt, on peut supposer que cette relation prend trop de place. En effet, une ouverture aux êtres vivants aide à progresser dans le deuil.

La personne endeuillée peut déterminer des périodes spécifiques pendant lesquelles elle maintient sa relation avec le défunt. Parallèlement, elle se réserve des moments pour elle et ses pairs. De cette façon, elle entretient une relation avec le défunt compatible avec l'établissement de nouveaux liens avec l'entourage, c'est-à-dire avec des personnes qui peuvent interagir concrètement avec elle dans le quotidien.

Ce nouveau type de relation avec le défunt favorise souvent un processus d'identification qui consiste à adopter certains traits ou certaines attitudes de la personne décédée. Ce processus permet d'accorder une survie au disparu par l'intermédiaire de gens qui l'ont connu. Le survivant intègre alors les qualités appréciées chez le défunt.

Les photos et les souvenirs peuvent aider certaines personnes à maintenir une relation et à vivre le deuil, alors que d'autres trouveront difficile de regarder la photo du défunt ou tout ce qui évoque sa présence. À chacun d'écouter ce qui semble bénéfique pour lui. Se défaire de ce qui nous semble nuisible, préserver ce qui nous fait du bien, voilà la règle à respecter.

Le maintien d'une relation aide aussi à exprimer les émotions inhérentes au deuil: tristesse, colère, culpabilité, etc. Toutefois, si la peur et l'angoisse sont présentes lors du maintien de cette relation, il peut être approprié de consulter un professionnel. Certaines personnes craignent d'oublier le défunt si elles ne lui parlent pas. On n'oublie jamais ceux qu'on aime... sauf, parfois, lorsqu'ils sont vivants! Pensons-y!

Exercice: Réaliser une boîte à souvenirs

> *Les écureuils, [...] avant que tombent les premières neiges, ramassent des noix en prévision des fringales de l'hiver. Lorsque les grands froids sont venus et que les écureuils ont faim, ils savent où creuser pour se rassasier.*
>
> Marie Dell'Aniello et Gilles Deslauriers, *La mort d'Yves*, Montréal, Éditions Libre Expression, 2000, p. 70.

La construction d'une boîte à souvenirs est un exercice souvent proposé aux enfants; pourtant, il est aussi bénéfique pour les adultes. Il s'agit de créer une boîte (un grand sac fait aussi bien l'affaire) dans laquelle seront réunis des objets significatifs rappelant le défunt.

Ainsi, lorsque l'ennui se fait oppressant ou la peine trop grande, la boîte est là pour apporter un peu de réconfort, aussi minime soit-il. Certains utilisent cette boîte en guise de rituel lors de rencontres familiales. Ils partagent ainsi leurs souvenirs avec les autres... D'autres préfèrent l'intimité et le privilège de garder secret le contenu de cette boîte.

La boîte peut être décorée avec des mots, des images, des tissus qui, chacun à leur façon, symbolisent la relation avec le défunt ou un souvenir de sa présence dans notre vie.

Ainsi, au fil des jours, le contenu de la boîte et son apparence se modifient. Des ajouts ou des retraits peuvent se faire, au gré des émotions ou des pensées quotidiennes...

2. Reprendre contact avec la nature

> *Un jardin ne saurait réparer un os cassé, mais il peut soigner une âme blessée, redonner le goût de vivre, faire resurgir les événements d'un passé lointain, rendre des forces à un corps exténué. [...] Arracher quelques herbes folles, apprendre le nom d'une nouvelle plante, bêcher et repiquer sont autant d'occupations dont nous savons d'instinct qu'elles sont bénéfiques...*
>
> Marjorie Harris, *Un jardin pour l'âme*, Paris, Éditions J'ai lu, 1998, p. 49.

Lors d'un deuil, la souffrance crée souvent une ombre sur les beautés environnantes. La vie semble difficile et le sens de l'existence inexistant ou abstrait. Pourtant, progressivement, la joie de vivre revient. Au début, il s'agit de quelques instants où la concentration, la motivation, l'énergie, les intérêts et le désir d'être en présence des autres sont accrus. Il importe de savourer ces instants. Au fil du temps, ils se feront de plus en plus fréquents et de longue durée.

En effet, vient un moment où la vie est réorganisée en fonction de l'absence de l'être cher. Cette période pendant laquelle s'instaure une nouvelle façon de vivre est souvent marquée par un sentiment de culpabilité. La personne endeuillée a l'impression de trahir ou d'abandonner le défunt en reprenant contact avec la vie. Pourtant, c'est cette réinsertion dans la vie qui favorise la progression du deuil.

La personne endeuillée peut attendre que cette énergie vitale jaillisse progressivement au fil du processus de deuil. Or, elle peut aussi faciliter cette réinsertion dans l'existence par un contact quotidien avec les manifestations de vie, animales ou végétales, offertes dans la nature.

Une promenade dans un parc, une heure de jardinage, quelques soins aux plantes intérieures reposent, revigorent et calment. Plusieurs études démontrent les bienfaits de la nature sur la santé émotionnelle et physiologique. De plus, le contact avec la nature rappelle les cycles changeants de la vie et de la mort. Cela permet de constater que le changement n'est pas nécessairement négatif. La nature, tout en attirant l'attention, détourne donc des souffrances.

Ainsi, quand vous n'êtes pas à même de fonctionner, recourez aux forces de la vie présentes autour de vous. Quelle peut être votre façon de renouer avec la vie? Réfléchir à cette question démontre que vous n'êtes plus seulement à la phase du «pourquoi» (pourquoi cela est-il arrivé? pourquoi lui? etc.), mais davantage à la période du «comment?» (comment survivre à cette perte? comment m'en sortir? etc.).

Mais pourquoi attendre de vivre un deuil pour découvrir les bienfaits de la nature? Quotidiennement, prenez rendez-vous avec elle: achetez une plante et prenez-en soin, jardinez, observez les oiseaux, goûtez un nouveau fruit, faites un bouquet de fleurs sauvages, promenez-vous en forêt, etc.

Exercice: Déterminer ses rendez-vous nature

Pour chaque journée de la semaine, déterminez quels seront vos rendez-vous avec la nature. Ils peuvent être partagés avec une autre personne, mais idéalement, il s'agit de moments privilégiés entre la nature et vous. Il ne faut en aucun cas omettre ce rendez-vous ou laisser un événement ou une personne déranger cette rencontre...

Quels seront ces rendez-vous?

Dimanche ______________________

Lundi ______________________

Mardi ______________________

Mercredi ______________________

Jeudi ______________________

Vendredi ______________________

Samedi ______________________

Et si ça devenait une habitude?

3. Reconnaître les traces laissées par la personne décédée

Ce que la chenille appelle la fin du monde, le maître l'appelle un papillon.

Richard Bach

La mort d'une personne aimée laisse souvent place à un sentiment de vide, à de l'ennui et à une impression de non-sens à vivre. Même s'ils sont douloureux, les tumultes émotifs qui accompagnent ces moments permettent de progresser dans le deuil. D'ailleurs, arrive un jour où les gens se rendent compte que le vide, l'ennui et le non-sens se transforment: ils se sont approprié ce qu'ils appréciaient du défunt.

Les moments partagés avec un être significatif nous permettent d'apprécier certaines de ses qualités. Il s'agit peut-être de sa simplicité, de sa douceur, de ses talents de jardinier, de ses habiletés culinaires ou encore de sa façon de profiter de la vie... Il y a toujours certaines dimensions, plus que d'autres, qui nous charment chez une personne. Ce sont habituellement et principalement ces dimensions qui nous manquent une fois la personne décédée.

Une pensée, d'un sage inconnu, précise que « chaque personne est un miroir dans lequel nous regardons notre propre image. Ce que nous remarquons en elle n'est que le reflet de ce que nous portons en nous. Ce qui nous plaît en elle est ce qui nous plaît en nous-même, consciemment ou non ». (L'inverse est aussi vrai.)

Ainsi, les qualités appréciées chez la personne décédée nous habitent. Elles continuent de vivre en nous, par le souvenir, bien sûr, mais aussi par les traces qu'elles ont laissées. Malheureusement, ces qualités ne sont pas toujours exploitées. Pourquoi ne pas tenter de nous les approprier à notre façon? Nous aimions sa générosité, soyons plus généreux. Nous aimions son dynamisme, développons notre optimisme, etc.

L'absence peut ainsi se transformer... par la présence des traces laissées par le défunt. N'est-ce pas la dimension de croissance dont plusieurs parlent lors d'un deuil? L'abîme, la détresse, la souffrance sont des expériences facilement palpables lors d'une perte. Pourtant, arrive cet instant où la personne endeuillée constate qu'elle a changé sa façon de voir la vie, ses priorités, ses valeurs, etc. Cette croissance à travers l'expérience de deuil l'amène aussi à se découvrir et à explorer de nouvelles facettes d'elle-même. Elle peut alors s'inspirer des qualités appréciées chez le défunt ou les gens qui l'entourent pour «devenir meilleure»...

Exercice: S'approprier les qualités du défunt

Pour vous aider à vous approprier les qualités d'une personne, voici quelques pistes directrices.

1. Pensez à la personne décédée et nommez les principales qualités appréciées chez elle. Il peut s'agir de comportements, d'attitudes, de valeurs, etc.

   ✍

2. Est-ce qu'il y a des qualités de la personnes décédée qui sont aussi présentes chez vous? Si oui, lesquelles?

   ✍

3. Quelles sont les qualités que vous aimeriez développer davantage?

✍

4. Trouvez une façon, ici et maintenant, de concrétiser une de ces qualités. Faites un geste en souvenir de la personne décédée!

✍

5. Prenez conscience de la beauté de votre geste et savourez! La personne décédée vous a permis de «devenir meilleur» de par son passage dans votre vie!

✍

4. Aimer à nouveau

> *[...] c'est ce que vous aimez qui exprime [ce] que vous êtes véritablement, non pas ce que vous possédez.*
>
> Sarah Ban Breathnach, *L'abondance dans la simplicité*, Montréal, Éditions du Roseau, 1999, p. 273.

Le sentiment de solitude inhérent au deuil incite quelquefois l'endeuillé à vouloir entrer en relation rapidement avec une nouvelle personne, soit en se faisant un nouvel amoureux, soit en concevant un nouvel enfant, soit en souhaitant une autre relation significative.

La personne endeuillée a besoin de temps pour retrouver une identité complète. Avec la mort d'un être cher, une partie de soi semble disparue avec lui. Ce n'est qu'au fil des jours que la personne endeuillée a l'impression de se recréer. Elle modifie ses valeurs, intègre de nouvelles activités et apprivoise une façon de vivre différente. Après ces réalisations, elle recommence à ressentir un sentiment de complétude et se sent alors prête à aimer de nouveau, à entrer en relation avec une nouvelle personne sans chercher à combler l'absence du défunt.

Certaines gens, par bonne volonté, s'informent sur les nouvelles amours de la personne endeuillée: «Voulez-vous un autre enfant?» demandera-t-on aux parents. «Qu'attends-tu pour rencontrer un nouveau partenaire?», etc. Il importe de respecter le rythme personnel de chacun. Au même titre que la personne endeuillée ne doit pas être bousculée et incitée à de nouvelles rencontres, elle ne doit pas être jugée si elle aime à nouveau.

Après un décès, plusieurs croient ne plus jamais pouvoir ouvrir leur cœur à une autre personne. Le deuil permet un nouveau regard sur la vie, une compréhension différente de la réalité. Un de ses bienfaits (eh oui, il y en a!) est de favoriser l'amour des autres. Savourer la présence...

Dans l'amour, il existe deux dimensions: l'intention et l'action. Souhaiter ou vouloir aimer et aimer! La personne endeuillée qui ressent le désir d'aimer (sexué ou non) est sur la bonne voie. Elle recommence à être tournée vers l'extérieur plutôt que vers sa souffrance. Il ne reste plus qu'à accomplir des actions d'amour: aimer au quotidien! Il existe plusieurs façons d'aimer sans s'engager dans une nouvelle relation: sourire, amitié, bénévolat, etc. Ces gestes d'amour mènent progressivement à un nouvel engagement... À chacun de les explorer!

Exercice: Créer de nouveaux attachements

La création de nouveaux attachements ne se fait pas à un moment spécifique du deuil. Souvent, les nouvelles relations se tissent à l'insu de la personne endeuillée. Habituellement, c'est lorsque la perte est à l'aube de l'acceptation et que la personne endeuillée dispose d'assez d'énergie qu'elle est disponible pour de nouvelles relations. Or, la personne solitaire et taciturne, dont le réseau social est très limité, a souvent davantage de difficulté à s'ouvrir aux autres. Ainsi, la volonté précise de la personne endeuillée est parfois requise pour favoriser les nouvelles relations.

1. Nommez les nouvelles relations tissées depuis la mort de l'être significatif.

✍

2. Où les avez-vous rencontrées?

✍

3. Jugez-vous cette ouverture aux autres satisfaisante?

✍

Si vous vous rendez compte que vos nouvelles relations sont limitées et que vous n'avez aucun désir de créer de nouveaux attachements, rappelez-vous que ces derniers annoncent souvent une plus grande acceptation de la perte. Les nouvelles relations peuvent aider à atténuer le ressentiment et les émotions tumultueuses...

4. Quelles sont les activités que vous pourriez commencer qui vous permettraient de rencontrer de nouvelles personnes? Il peut s'agir d'un cours, d'une expérience de bénévolat, d'une participation active au sein d'un club ou d'un organisme...

✍

5. Précisez celle qui vous semblent la plus attrayante et réalisable.

6. Allez-y, vous êtes capable! Plusieurs personnes se trouvent des raisons pour justifier leur manque d'effort et d'activité. Or, aucune raison n'est vraiment valable quand il s'agit de travailler à son mieux-être...

5. Disposer des objets personnels de la personne décédée

Au milieu de la difficulté repose l'opportunité.

Albert Einstein

Il arrive un jour où les objets personnels du défunt n'ont plus de sens. Bien sûr, ils rappellent l'être cher, mais ils n'ont plus leur raison d'être. La papeterie et les vêtements personnels, l'équipement sportif ou les articles de beauté en sont des exemples.

Le moment est alors venu d'en disposer. La personne qui a hérité de ces objets est la mieux placée pour déterminer quand elle est prête à les donner. Elle doit respecter son rythme personnel.

Souvent, des personnes bien intentionnées se pressent de faire le «ménage» chez la personne endeuillée. Or, lorsque l'attachement à un objet est trop fort, il ne sert à rien de le donner. En effet, la perte d'un être cher est assez souffrante pour s'imposer des deuils supplémentaires.

Seulement, pour laisser place à la nouveauté, il faut créer un espace pour la recevoir. Ainsi, il faut user de sa rationalité. Si un objet est inutilisé depuis plusieurs mois, il serait possiblement plus utile à une autre personne... Seule la conservation de souvenirs significatifs peut être apaisante à long terme.

Parallèlement, l'aménagement d'un petit lieu en l'honneur du défunt peut être favorable à l'évolution du deuil. Rassembler une photo, une bougie, de l'encens et des objets associés à la personne aimée (souvenir de vacances, cadeau qu'elle vous a offert ou que vous lui avez donné, etc.) permet le souvenir, tout en laissant place à une vie nouvelle dans les autres pièces de la maison. Cet aménagement offre aussi un lieu approprié pour se recueillir en pensant à l'être cher disparu. D'autres personnes endeuillées préfèrent garder un objet par pièce. À chacun de déterminer ce qui a du sens pour lui.

Or, si vous souhaitez conserver des objets de la personne décédée, pensez aussi à offrir aux êtres aimés ou aux personnes qui étaient significatives pour le défunt un souvenir de celui-ci. Une douce attention apaise non seulement celui qui la reçoit, mais aussi celui qui l'offre...

Mais au fait, pourquoi donner seulement des objets appartenant à une personne décédée? Promenez-vous dans votre demeure et regardez si des objets inutiles ou déplaisants vous encombrent. Rassemblez ces objets et faites un heureux! Changez quelques objets de place. Les Chinois se servent du feng shui, c'est-à-dire qu'ils considèrent que faire bouger quelques objets aide à la circulation de l'énergie de la pièce et au mieux-être des gens qui l'habitent. Vous n'avez rien à perdre!

Exercice: Intégrer de nouveaux objets

Que vous ayez donné ou non les objets personnels de la personne défunte, l'achat ou l'intégration de nouveaux objets à son environnement est bienfaisant. Pourquoi ne pas acheter le chandelier que vous trouvez si beau, un nouveau meuble ou un tableau qui vous fait rêver? Se faire plaisir est permis, même lors d'un deuil.

De plus, une réorganisation de son aménagement permet de marquer l'espace. Il n'est plus comme avant et le changement est associé à un plaisir.

Aujourd'hui, élaborez un plan d'aménagement pour une pièce de la maison ou encore procurez-vous un objet qui vous fait plaisir. Même si cela n'est pas nécessaire et indispensable, agrémentez votre quotidien d'une nouveauté.

6. Être en contact avec le sacré et nourrir son âme

À l'instant de la mort, il faudra tout laisser dernière nous. Il nous faudra voyager vers l'autre monde en solitaire, sans compagnie. La seule chose qui puisse nous être utile, c'est d'avoir accompli une pratique spirituelle qui aura laissé des empreintes positives dans notre esprit.

Dalaï-Lama, *Du bonheur de vivre et de mourir en paix*, Paris, Éditions du Seuil, 1998, p. 52.

Plusieurs individus disent avoir perdu la foi depuis le décès d'un être cher, ou encore ne pas comprendre le sens de la mort. Ils la jugent injuste et absurde. «Je ne méritais pas cela», disent-ils.

Les raisons de la mort sont souvent incompréhensibles et c'est sans doute pourquoi l'individu s'interroge tant sur ses croyances lorsqu'il vit un deuil. Croire ou avoir la foi s'avère pour certains une nécessité. Pour d'autres, il s'agit d'une préoccupation ou encore d'une perte de temps!

Quoique le soutien des pairs semble très significatif pour réconforter l'individu, les croyances peuvent aussi jouer un rôle bénéfique. À chacun de découvrir les siennes et de respecter les valeurs spirituelles des autres.

Pour certains, l'absence de croyances spécifiques semble inquiétant. Thomas Moore a écrit un très beau livre, *Le soin de l'âme*, qui explore cette dimension. Selon cet auteur, le «sacré» est un art de vivre. Les activités les plus ordinaires faites avec attention invitent à la contemplation et à la spiritualité... et permettent de donner du sens à la vie. Ainsi, il ne s'agit pas seulement de prier dans un lieu de culte. Le sacré ou le «plus grand que soi» se manifeste quand on prend le temps de considérer le quotidien sous un angle différent. Nourrir son âme et découvrir le sacré dans la vie contribuent à donner un sens, nous rappellent l'aspect spirituel de l'existence, peu importe notre appartenance religieuse.

Souvent, la mort ou le vieillissement nous incitent à définir ce qui revêt de l'importance pour nous et à donner une orientation à notre vie qui y réponde. Comment concrètement mettre du sacré dans notre vie qui contribue à «croire en la vie»?

- Offrir des cadeaux empreints d'âme: des biscuits faits avec amour, une plante à partir de boutures personnelles, une fin de semaine de gardiennage, le pelletage de l'entrée pour l'hiver, le service de nettoyage de fenêtres, un mot ou un signet exprimant notre affection, une création personnelle: bougie, dessin, artisanat, etc.
- Se procurer des objets qui s'avèrent bons pour l'âme: encens, bougies, livres, objets religieux, cahier pour écrire ses rêves, ses pensées ou y coller des images significatives, etc. Tout ce qui suscite l'apaisement, éveille la beauté, donne l'impression d'entrer en contact avec la plénitude...
- Nourrir son âme par des lectures spirituelles, des moments de solitude, le contact avec la nature, la méditation, etc.

Moore écrivait: «La spiritualité est semée, germe, pousse et fleurit dans le terrestre. Nous la découvrons et en prenons soin dans les plus petits détails du quotidien.»

Exercice: Méditer

La méditation, sans nécessairement être reliée à une religion spécifique, est un excellent moyen pour entrer en contact avec le sacré et nourrir son âme.

Au début, il est préférable de méditer dans un endroit calme. Avec un peu d'expérience, la méditation se fait en tout temps, seul ou entouré de gens.

Il existe plusieurs formes de méditation; celle qui vous est proposée s'avère simple. Il s'agit de s'asseoir confortablement, le dos droit, les paumes tournées vers le ciel. Vous pouvez utiliser une chaise, un banc de méditation ou encore vous asseoir sur le sol, les jambes croisées.

Vous fermez les yeux ou fixez la flamme d'une bougie, les yeux mi-clos. Vous vous concentrez sur votre respiration et, intérieurement, vous répétez calmement et constamment le mot suivant: maranatha. Il s'agit d'un mantra, c'est-à-dire un mot qui, de par sa consonance et sa signification, favorise un état de paix et de détente.

Au début, il est fréquent que des pensées viennent vous distraire et que des émotions rejaillissent. Lorsque vous constatez ces distractions, recommencez à prononcer intérieurement votre mantra. Laissez passer les pensées sans vous y attarder ou vous culpabiliser. Ramenez-vous au silence et au rythme de votre concentration. Même si votre esprit divague, vous constaterez toujours des bienfaits à prendre un temps d'arrêt pour méditer.

Idéalement, faites de la méditation avant les repas afin d'éviter l'endormissement. Méditer tous les jours pendant une période de quinze ou vingt minutes s'intègre bien à un horaire. De plus, il vaut mieux méditer cinq minutes que de s'abstenir de ce bienfait. Essayez-le! Vous remarquerez plusieurs bienfaits.

7. Se permettre de rire

L'humour permet le plus souvent une réconciliation avec le bon et le joyeux en chacun. Il doit y avoir beaucoup de tendresse dans l'humour; tendresse à l'égard de la vie, tendresse à l'égard de l'autre et de soi-même, pour avoir ce regard de chaleur, de bienveillance, qui lave, qui nettoie, qui assouplit le dur et le rigide.

Jacques Salomé, *Passeurs de vies*, Paris, Dervy, 2000, p. 219.

Vous construisez votre vie par vos attitudes et vos pensées. Si vous croyez que vous n'avez pas le droit de rire, ou encore que plus rien n'est beau après la mort de l'être significatif, plus rien ne le sera.

Plusieurs se sentent coupables lorsqu'ils se surprennent à rire à la suite de la mort d'un être cher. «Comment puis-je vivre des moments de joie alors que l'autre n'y est plus?» «Le défunt ne pourra plus jamais partager mes plaisirs», disent certaines personnes. Elles s'imposent alors un état de tristesse comme s'il venait atténuer leur culpabilité d'être en vie alors que l'être cher est mort.

Pourtant, le rire joue un rôle thérapeutique important lors d'un deuil, tout comme au cours de la vie. Une comédie, une bande dessinée humoristique, quelques blagues permettent de se libérer de tensions. Ainsi, le rire constitue un moyen simple pour se réénergiser.

Qui n'a pas le souvenir d'instants joyeux où les rires partagés et incontrôlables s'enchaînent jusqu'à ce qu'un mal de ventre entraîne une nouvelle vague de rires? Pour vivre ces instants, la personne doit être prête à les accueillir, à les recevoir. Il ne faut pas avoir peur de rire de soi ou des situations farfelues qui surviennent lors du deuil. Le défunt ne vous en voudra pas de connaître le plaisir. Au contraire, s'il en est témoin, il sera sans doute satisfait de vous savoir capable de continuer à vivre... En effet, rire est un signe de santé mentale!

Exercice: Se libérer de ce qui nous déplaît

Vous avez sans doute des dimensions personnelles que vous aimeriez voir disparaître. Certains se trouvent trop enclins à la tristesse, d'autres font de la procrastination (tendance à tout remettre au lendemain) ou encore ont développé une dépendance à l'alcool, à une drogue, au sucre, au jeu, etc. Nous avons tous des défauts dont nous aimerions nous départir. Si cela pouvait se faire aussi spontanément que le ménage d'un sous-sol ou d'une garde-robe, il y a longtemps que notre univers personnel serait «propre».

1. Quels sont les éléments de votre personne que vous aimeriez voir disparaître? Écrivez séparément chacun d'eux sur une feuille.

   ✍

2. Faites un rituel très libérateur. Vous devez brûler ou enfouir sous la terre les papiers sur lesquels se trouvent les défauts que vous souhaitez voir disparaître. Lors de ce rituel, prenez soin de répéter: «Je me départis de...» «Je continuerai à vivre et je vivrai mieux sans...» Nommez alors le défaut que vous faites disparaître.
3. Une fois ce rituel terminé, comportez-vous comme si ces défauts vous avaient vraiment abandonné. Ainsi, adoptez une attitude corporelle détendue, souriez, bref, jouez le jeu de la personne libérée de ce qui lui pesait si lourd.

Une façon de gérer ses émotions consiste à modifier son attitude non verbale. Ainsi, l'individu qui adopte une posture de joie (sourire, épaules dégagées, etc.) aura tendance à ressentir l'état émotif correspondant. Les comédiens utilisent souvent cette caractéristique des émotions pour rendre leurs personnages plus véridiques. Cette tendance à ressentir l'émotion correspondante à l'attitude non verbale d'une partie du corps de l'individu s'appelle la rétroaction faciale ou corporelle.

4. Ainsi, même si vous n'avez pas envie de sourire et que vous croyez que votre caractéristique désagréable n'est pas vraiment disparue, essayez de vous comporter «comme si» aussi souvent que vous y pensez. C'est en se comportant comme on souhaite être que l'on devient ce que l'on souhaite!

8. User de créativité

Les richesses que vous recherchez reposent en vous.

Julia Cameron, *La veine d'or*, Montréal, Éditions du Roseau, 1999, p. 29.

Habituellement, les personnes qui donnent un sens à leur vie et qui vivent pleinement et intensément sont créatrices et créatives. User de créativité consiste à favoriser l'émergence de nouveauté: briser certaines habitudes pour en créer de nouvelles, changer sa tenue vestimentaire, ajouter un nouvel élément de décoration, exécuter quelques pas de danse, etc. Il existe plusieurs façons d'user de créativité dans son quotidien.

La capacité de vivre sans cesse une relation nouvelle avec ce qui nous entoure nécessite une certaine sensibilité. Il s'agit d'être attentif pour découvrir ce qui se passe en soi et laisser jaillir spontanément ce qui se présente. La pression et la hâte sont des ennemies de la créativité.

Nous sommes tous créateurs à notre façon si ce n'est que dans notre manière d'être ou notre emploi du temps. Peu importe si ce que l'on crée est reconnu comme une œuvre d'art, le processus de la création est plus important que la finalité. En effet, toute activité créatrice permet d'enrichir la vie intérieure. Quoiqu'elle puisse apporter la reconnaissance extérieure, son objectif initial est de prendre contact avec l'essence de l'être.

Une période de deuil permet souvent de découvrir un rythme de vie qui favorise la création. En effet, les priorités changent et la personne endeuillée établit une relation différente avec les autres et elle-même.

La création incite à la prise de conscience, à l'attention et à l'intensité... Il ne s'agit donc pas de se demander si ce que nous allons créer sera un chef-d'œuvre, mais de savourer le processus de création et de répondre à l'élan qui nous pousse vers cette création. Une des plus grandes créations est notre vie; à nous d'en faire une œuvre d'art.

Exercice: Actualiser sa créativité

Julia Cameron a beaucoup exploré le thème de la créativité dans ses livres *Libérez votre créativité* et *La veine d'or*. Elle y propose de nombreux exercices pour reprendre contact avec cette énergie créatrice souvent étouffée au fil des années.

Avant de faire les activités proposées, vous pouvez réfléchir à ce que vous avez déjà réalisé jusqu'à maintenant qui faisait appel à la créativité.

1. Quelles sont les choses que vous aimeriez maintenant réaliser et qui font appel à votre créativité?

   ✍

2. Quels sont les bienfaits que vous pourriez en retirer?

   ✍

3. Si vous deviez compléter la phrase suivante: «À partir de maintenant, j'ose...», qu'écririez-vous?

   ✍

4. Maintenant que vous avez réfléchi à votre créativité, voici certaines activités qui en favorisent l'émergence.

   - Faites un collage de mots ou d'images découpées dans les journaux et les magazines.
   - Explorez les couleurs: allez dans un magasin de tissus ou de peinture, dans une boutique où l'on vend du matériel d'artiste et regardez les différentes couleurs présentes. Quelles sont celles qui vous touchent? Quelles émotions et quelles pensées éveillent-elles en vous? Soyez attentif aux répercussions des couleurs.
   - Écoutez de la musique et intégrez-y votre voix, vos sons, etc. Écrivez une chanson, un poème.
   - Pensez à quelque chose que vous aimeriez réaliser dans votre vie. Improvisez une danse symbolisant la réalisation de ce désir.
   - Faites un bricolage: dessin, pâte à modeler, montage en carton, murale, sculpture en terre, en savon ou en bois, etc.
   - Prenez un rendez-vous avec vous pour éveiller l'artiste intérieur qui vous habite. Il peut s'agir de visiter un musée, de marcher en vous inspirant de la nature, de ramasser des cailloux, d'aller au cinéma, de regarder un livre d'art, etc.

Trouvez pour chacun des éléments suivants une façon de manifester votre créativité:

1. dans les relations avec les autres;
2. dans l'organisation de mon horaire;
3. dans la préparation d'un repas;
4. durant les vacances;
5. durant la fin de semaine;
6. pour Noël;

7. pour la Saint-Valentin;
8. pour la fête des Mères;
9. pour la fête des Pères;
10. pour l'anniversaire d'un être significatif;
11. pour le réveil;
12. pour le coucher;
13. pour le petit déjeuner;
14. pour le dîner;
15. pour le souper;
16. dans la préparation d'un menu;
17. dans la tenue vestimentaire;
18. dans la décoration intérieure de la maison;
19. dans la décoration extérieure de la maison;
20. dans les loisirs;
21. dans les relations avec les femmes;
22. dans les relations avec les hommes;
23. dans le travail;

Autres:

____

____

____

____

9. Développer sa compassion

Vous oubliez que vous êtes une personne qui fait résonner chez les autres quelque chose de beaucoup plus grand et beaucoup plus profond que ce que vous-même pouvez percevoir.

Henri J. M. Nouwen, *Faire le clown à Rome*, Montréal, Bellarmin, 2001, p. 96.

De Mello (1994), jésuite indien et psychologue, considère la compassion comme un moyen de réussir sa vie et comme une source de bonheur. Selon lui, faire preuve de compassion correspond à accueillir et à accepter les gens tels qu'ils sont. Il s'agit d'une façon saine de gérer ses émotions.

Une histoire illustre bien ce fait: Une Indienne vit avec son mari et sa belle-mère. L'Indienne trouve sa belle-mère particulièrement détestable. Elle consulte donc le sorcier du village afin qu'il lui donne une potion pour tuer cette femme qu'elle ne peut plus supporter. Il lui donne un mélange d'herbes avec lequel elle doit frotter les pieds de la belle-mère quotidiennement. Heureuse, elle retourne chez elle et dit à la belle-mère qu'elle lui frottera les pieds pour l'aider à dormir...

Après deux semaines de ce traitement, la belle-mère est douce, aimable et attentionnée. L'Indienne ne la reconnaît plus. Se sentant coupable, elle retourne chez le sorcier pour avoir des herbes qui lui permettront de préserver la vie de sa belle-mère... Et si l'attention et la compassion étaient les meilleures herbes pour contrer les désagréments et favoriser le changement?

L'amour ne doit pas nécessairement être dirigé envers une seule personne, mais il peut se manifester par de la compassion à l'égard des autres en général. La compassion est un état ou une disposition personnelle avec laquelle vous entrez en relation avec ce qui vous entoure. Cet état ou cette attitude aimante procure un sentiment de bien-être. Ainsi, tant la personne qui bénéficie de la compassion que celle qui l'exprime voient leurs émotions désagréables diminuer.

Difficile d'aimer certaines personnes, disent quelques-uns d'entre vous. Divers moyens sont proposés pour développer sa compassion.

Se relier à la beauté de l'autre. Chaque être humain possède des qualités ou encore des ressemblances avec une personne aimée. Il peut s'agir d'un élément de beauté minime: un nez ou le timbre de voix, le même âge ou prénom qu'un être cher, etc. L'exercice consiste à tenter de se «connecter» à cet élément, c'est-à-dire de penser à la personne aimée spontanément lorsque vous entrez en relation avec la personne qui suscite moins de compassion. Il s'agit donc de s'attarder à l'élément positif pour entrer en relation harmonieusement.

Prendre conscience de ses imperfections personnelles. Par ailleurs, souvent, la prise de conscience de ses propres imperfections ou de ses lacunes et l'acceptation de celles-ci comme faisant partie de soi facilitent l'acceptation des lacunes des autres. Une expression précise qu'il n'y a pas de méchants loups, mais seulement des loups malheureux. Ainsi, lors de la rencontre avec une personne imparfaite, l'individu peut s'inspirer de ses propres expériences de souffrance et d'imperfection pour entrer en relation avec elle. Les difficultés à accepter les autres comme ils sont reflètent souvent ses propres difficultés.

Visualiser un environnement lumineux et agréable. Pour accéder à un état de compassion, il est aussi suggéré d'imaginer un soleil qui projette ses rayons lumineux sur la personne avec laquelle vous êtes. Vous pouvez aussi vous visualiser sous une auréole dorée ou bleutée. Ces couleurs apaisent et suscitent un état de détente propice à la compassion.

Faire des gestes de dévouement. Rendre service à une personne de son entourage aide à accéder à un état de compassion. En effet, les bienfaits de la générosité et du don sont multiples.

Ainsi, plusieurs personnes croient que l'amour doit absolument être dirigé envers une personne spécifique. Lorsque celle-ci disparaît ou est absente, l'impression de vide, de manque et de non-sens à vivre devient alors insupportable. Or, la personne endeuillée qui développe la faculté d'aimer ce qui l'entoure ressent un plaisir et un sentiment de bien-être. Ce n'est pas seulement la personne qui est aimée qui est bien, mais aussi celle qui aime.

Lors d'une séparation, on dit souvent qu'un deuil est résolu lorsqu'on peut continuer à aimer malgré l'absence ou la distance. Cet apprentissage survient un jour ou l'autre. Plusieurs personnes endeuillées disent avoir découvert la compassion au cours du cheminement de leur deuil.

Exercice: Laisser des marques significatives

> *Si chacun balaie le devant de sa porte, l'univers sera propre.*

Tout le monde peut contribuer à un mieux-être de la société. Il n'est pas nécessaire d'obtenir un prix Nobel pour laisser des traces. Des gestes simples, empreints d'amour et de bonne volonté, contribuent habituellement au développement et à l'estime de soi de la personne qui les reçoit... Prendre conscience de la place qu'on occupe dans la société et des responsabilités que nous avons les uns envers les autres nous incite à redéfinir notre rôle social et nous donne la sensation de participer à quelque chose de plus grand que soi.

1. Trouvez une façon concrète de contribuer au développement d'un enfant, d'un adolescent, d'un adulte ou d'une personne âgée.

✍

2. Qu'avez-vous fait? Trouvez une idée qui va au-delà de la parole.

✍

3. Comment en êtes-vous venu à ce choix d'action?

✍

4. À quels besoins cette action répondait-elle?

✍

5. Quelles ont été les répercussions chez l'autre?

✍

6. Quelles ont été les répercussions chez vous?

✍

10. Explorer l'histoire des pertes dans sa vie

Vers la mort, très chère, nous allons. Tous. En dansant ou en boitant, en riant ou en geignant, peu importe, puisque c'est là que nous allons.

Christian Bobin, *La femme à venir*, Paris, Éditions Gallimard, 1990, p. 48.

Chaque période du développement se caractérise par des pertes et des renoncements spécifiques. La façon dont nous les vivons influe grandement sur nos attitudes face à la mort et nos réactions lors d'un deuil. Il est cependant intéressant de constater que peu importe les moments de notre vie où ces pertes surviennent, nous adoptons souvent les mêmes attitudes. Qu'ils soient provoqués ou subits, planifiés ou fortuits, ces pertes et ces renoncements nous préparent déjà à vivre les pertes ultimes, soit la mort d'un être cher ou notre propre mort. En effet, que ce soit sur les plans physique, psychologique, professionnel, social ou spirituel, ils constituent des expériences de «mort» dans lesquelles un processus de deuil et d'adaptation est nécessaire.

Différentes pertes sont susceptibles de survenir à chaque période de la vie, de la naissance à la mort. En voici quelques-unes.

La naissance: expulsion du ventre maternel, perte de la fusion, etc.

L'enfance: changement de professeur, perte d'une amitié, diminution des moments de jeu, mort d'un animal domestique, limites liées à ses compétences, divorce d'adultes significatifs, etc.

L'adolescence: perte d'un premier amour, perte du statut d'enfant, changements physiques, perte des idéaux parentaux, etc.

La jeunesse adulte: départ du foyer familial, modification du réseau social, pertes amoureuses, etc.

L'âge adulte: départ des enfants, perte d'emploi, revers financier important, déménagement, maladie, perte de la fertilité féminine, décès d'un proche, etc.

La vieillesse: retraite, perte d'autonomie, vente de biens et départ de la résidence, décès du conjoint, etc.

Ainsi, avant même de vivre un deuil inhérent à la mort, nous avons une multitude d'expériences reliées aux pertes. Quoique celles-ci soient habituellement d'intensité émotive moindre, elles donnent des indices sur nos ressources et notre capacité à s'adapter. En effet, un travail de deuil est requis dès qu'une perte, quel que soit son type, cause une souffrance ou un déséquilibre.

Le mot «deuil» désigne le processus naturel par lequel nous nous remettons d'une perte. Chacun a sa façon de s'engager dans ce processus, et cette façon peut se modifier d'une perte à l'autre. Or, il se peut qu'un modèle émerge, et que ce style devienne typique de la façon de composer avec l'ensemble des pertes.

Exercice: Réfléchir sur ses pertes

Réfléchir sur les différentes pertes survenues dans sa vie s'avère bénéfique pour se préparer et mieux vivre la mort d'un être cher ou sa propre mort. En effet, si vous constatez qu'un modèle émerge et qu'un style vous caractérise dans votre façon de composer avec une perte, vous pouvez soit prendre conscience que vous avez les ressources nécessaires pour vivre des pertes significatives, soit prendre conscience de vos difficultés lors d'une perte et trouver des pistes pour faciliter votre façon de vivre les pertes dans votre vie.

1. Quelles ont été vos pertes majeures?

✍

2. Quelle a été votre réaction?

✍

3. Quelles ont été les pensées et les émotions dominantes?

✍

4. Quelles ont été les personnes aidantes?

✍

5. Qu'avez-vous fait pour vous adapter?

✍

6. Que retenez-vous de ces expériences de pertes?

✍

Voilà autant de questions auxquelles réfléchir pour cheminer dans son deuil... ou s'y préparer!

11. Reconnaître un deuil non terminé

Vivre après, avec la force de son amour, intacte par delà les jours, et qui nous amène à vouloir parler, même s'il n'y a pas de mots – chacun en fait l'expérience – capables de dire la séparation, l'absence, le manque qui vous déchire.

Laure Adler, *À ce soir*, Paris, Éditions Gallimard, 2001, p. 186.

Souvent, les gens perçoivent un deuil comme problématique lorsque les réactions liées à la perte se prolongent ou nuisent à la personne endeuillée et à son entourage. Or, puisque le deuil prend pour chaque individu une coloration différente, il importe de ne pas confondre un deuil non terminé à un deuil problématique.

Le deuil non terminé se caractérise par un ensemble de souvenirs pouvant se faire plus sollicitants par moments. Quoique l'individu puisse fonctionner de façon acceptable, un travail d'intégration de la perte est à terminer.

Par exemple, une femme disait: «Je ne pense pas toujours à ma sœur, mais lorsque ça m'arrive, je me sens habitée par sa présence pendant des jours. Je rêve d'elle. Je pense intensément aux plats qu'elle cuisinait. Je me sens dérangée.» Cette femme n'a pas terminé son deuil.

Plusieurs aspects permettent de distinguer un deuil non terminé d'un deuil problématique. Dans un deuil non terminé, la personne a le sentiment d'avoir repris partiellement sa vie en main et d'avoir parcouru un bout de chemin. Même si elle a encore des pensées quotidiennes pour le défunt, elle est capable de créer de nouveaux liens ou d'entretenir des relations avec les autres. De plus, même si la personne endeuillée vit quelquefois de fortes réactions associées à la perte, elle peut, à maintes reprises, évoquer le défunt sans émotion déstabilisatrice.

Dans un deuil problématique, la personne est incapable de retrouver un sens à son existence. Elle se sent impuissante à gérer sa vie et prisonnière des manifestations du deuil.

Le chemin menant à la terminaison du deuil peut être long et laborieux. Plusieurs voies y donnent accès. En effet, il y a plusieurs façons de réagir et même si certaines réactions sont à l'opposé des nôtres, un respect du rythme et de la différence est de mise.

Exercice: Écrire à son deuil

Cet exercice aide habituellement à la progression du deuil.

Il s'agit d'écrire une lettre dans laquelle vous vous adressez à votre deuil, comme s'il était une personne. Qu'avez-vous à dire à votre deuil? Vous pouvez lui exprimer vos sentiments à son égard, vos pensées, vos difficultés, ce qu'il vous fait vivre, etc. Cela peut être plus ou moins aimable, peu importe.

Cette lettre doit être écrite spontanément, en un seul moment ou à plusieurs reprises, sans souci des convenances ou de la syntaxe.

La lettre commence ainsi: «Cher deuil, ...»

12. Gérer ses conflits

Repartons à neuf, en nous rappelant chacun que la courtoisie n'est en aucun cas un signe de faiblesse.

John F. Kennedy

Plusieurs conflits sont susceptibles de survenir lors de la mort d'un être significatif. Certaines personnes ne s'entendent pas sur la nature des rituels funéraires. D'autres sont insatisfaites du partage des biens du défunt ou encore n'apprécient pas la façon de réagir de leurs proches. Bref, de multiples différends sont possibles. Comment donc gérer ces conflits?

Habituellement, nous remarquons quatre façons de réagir aux conflits.

Le style passif. Certaines personnes ont tendance à éviter à tout prix les conflits. Elles renoncent à leurs besoins. Elles évitent tant les sujets de litige que les individus avec lesquels elles sont en désaccord. Celles-ci croient qu'il vaut mieux éviter un conflit que d'y faire face. La grande difficulté est que rien ne s'améliore ou ne peut progresser avec ce type de gestion de conflit.

La personne qui a un style passif doit être encouragée à s'exprimer et soutenue. Exprimer soi-même ses émotions et ses expériences peut l'aider à s'ouvrir à son tour et à gérer le différend.

Le style agressif. Ces personnes essaient de dominer les autres en les forçant à répondre à leurs propres attentes. Elles veulent à tout prix vaincre. Pour ce faire, elles sont prêtes à critiquer, à attaquer les autres ou à les intimider. Ces personnes peuvent aussi être impulsives.

Avec la personne qui use de ce type de gestion de conflits, il importe de demeurer calme et de ne pas réagir spontanément. Tout en prenant conscience de la réaction agressive, il s'agit d'exprimer ce qu'elle fait vivre et ses limites dans de telles situations. Vous pouvez lui donner le temps de réfléchir et lui demander d'écrire ce qui la rend agressive. Si elle vous critique, recevez la critique, reformulez-la et demandez des suggestions et des conseils pour remédier à la situation.

Le style manipulateur. Ces personnes utilisent des messages indirects afin d'arriver à leurs fins. Tout en se protégeant, elles s'assurent d'obtenir ce qu'elles désirent par des allusions, des flatteries, etc. Avec ces personnes, il importe de clarifier vos attentes et vos limites en étant clair et direct.

Outre ces trois styles, *le style affirmatif* demeure le plus approprié. Il s'agit de respecter ses besoins tout en prenant soin d'écouter ceux des autres. Une identification claire du problème et l'utilisation de compromis permettent habituellement de trouver une solution. Les personnes endeuillées sont souvent plus émotives. Il s'avère particulièrement important pour elles d'être conscientes qu'elles ne peuvent changer les autres, mais seulement tenter une négociation respectueuse. Même s'il n'est pas toujours possible d'amener les autres à coopérer, le style affirmatif favorise habituellement la résolution des difficultés.

Exercice: Gérer ses conflits

1. Décrivez une situation conflictuelle vécue dernièrement.

   ✍

2. Quel a été votre comportement?

   ✍

3. Quelles ont été les émotions vécues?

✍

4. Quelle a été votre compétence à faire des compromis?

✍

5. Est-ce que vous avez tenu compte de vos besoins et de ceux des autres?

✍

6. Que pourriez-vous faire pour être en paix avec cette situation?

✍

7. Existe-t-il des gens avec qui vous entrez plus facilement en conflit? Lesquels? Pourquoi?

✍

8. Parmi les comportements suivants, nommez ceux qui vous caractérisent lors d'un conflit.

Comportements adéquats pour résoudre un conflit

- Exprimer ouvertement et honnêtement ses sentiments et ses pensées.
- Se sentir responsable de ses émotions et de ses pensées.

- Essayer de comprendre le point de vue de l'autre en imaginant ce qu'il ressent.
- Reconnaître à l'autre son droit de ressentir ce qu'il ressent.
- Décrire et non juger le comportement des autres.
- Faire preuve de souplesse plutôt que d'intransigeance.
- Souligner les points d'accord avant d'aborder les points de désaccord.
- Reconnaître les éléments positifs à l'égard de l'autre malgré le sujet de conflit.
- Traiter l'autre avec respect et comme un égal.
- Prendre le temps d'écouter l'autre.

Comportements inadéquats pour résoudre un conflit

- Éviter les situations de conflit en quittant les lieux.
- Recourir à la force ou aux menaces pour inciter l'autre à adopter notre point de vue.
- Utiliser l'humour ou le sarcasme pour minimiser l'importance d'un conflit.
- Chercher un coupable ou un responsable au conflit.
- Faire semblant pour obtenir ce que l'on désire.
- Revenir sur des événements passés.
- Trouver des arguments efficaces, même s'ils sont blessants pour l'autre.
- Manipuler l'autre par son charme.
- Refuser de parler du conflit ou d'écouter les arguments de l'autre.
- Imposer sa façon de penser à l'autre.

Si vous utilisez majoritairement les comportements d'une gestion de conflit efficace, continuez. Sinon, tentez de modifier vos comportements. Vous en sortirez gagnant et bénéficierez d'un mieux-être. Vos relations s'amélioreront par le fait même, puisque vous vous servirez d'outils plus efficaces pour gérer les situations conflictuelles.

13. Découvrir son unité malgré la perte

Grandir, c'est apprendre à se séparer tout en restant entier.

Jacques Salomé, *Le courage d'être soi*, France, Les Éditions du Relié, 1999, p. 85.

Dans son livre *Graines de sagesse, Comme un parfum de rose* (Strasbourg, Éditions du Signe, p. 12-13), Ferrero raconte l'histoire du nuage et de la dune. Elle se résume ainsi: «Un nuage rencontre une dune et échange sur la durée de leur vie. La dune dit: "Ma vie est très courte. Quand vient le vent, je disparais." Le nuage dit: "Moi également. Mon destin veut que je me transforme en pluie." La dune lui dit: "J'ai entendu parler de ta beauté. De vieilles dunes m'ont dit que nous nous habillons de belles fleurs et de gerbes lorsque tu tombes. Je ne verrai pas cela." La pluie dit: "Je pourrais te couvrir." La dune dit: "Mais tu en mourrais." "Oui, mais toi tu fleuriras", dit le nuage et il prend les couleurs de l'arc-en-ciel pour se transformer en pluie. La dune, triste de cette fin, se vit toutefois couverte de fleurs.»

Ainsi, malgré la tristesse de certains changements, une lueur de beauté peut se manifester. À cet égard, il n'est pas rare d'entendre des personnes qui ont perdu un être cher exprimer leurs apprentissages inhérents à leur deuil. Généralement, elles reconnaissent la nécessité de dire leur amour, l'urgence de vivre, d'aimer et de savourer chaque instant.

Voici quelques apprentissages plus spécifiques relevés par des gens qui ont perdu une personne chère et qui ont retrouvé leur unité malgré la perte:

- J'accepte davantage les différentes émotions qui m'habitent et les exprime plus spontanément.

- J'ai plus de compassion pour la souffrance des autres.
- Je juge moins les autres et les accueille avec leurs forces et leurs limites.
- Je profite plus intensément de chaque instant.
- J'ai redécouvert ma foi en Dieu ou en une force supérieure.
- Je me suis rapproché de ma famille et je crée des relations plus intimes et significatives.
- Je me connais davantage.
- J'ai développé une relation particulière avec la nature.
- Je suis plus reconnaissant envers ce qui m'est offert par la vie.
- Mes valeurs ont changé.
- L'amour et l'amitié priment maintenant sur le confort matériel.
- Je suis plus à l'écoute de mes intuitions.
- Je me suis découvert et je me fais davantage confiance.
- Je suis reconnaissant de la relation que j'ai eue avec l'être cher décédé. Elle a contribué à ce que je suis devenu.
- J'apprécie davantage les relations significatives dans ma vie.
- Etc.

Ainsi, arrive un moment où la personne endeuillée découvre un sens à ce qu'elle a vécu. Quoique la cicatrice creusée par la perte soit toujours là, la blessure est moins vive. Elle est capable de poser un regard sur le futur plutôt que de toujours s'attarder au passé. Le Petit Prince disait: « Il faut bien que je supporte deux ou trois chenilles si je veux connaître les papillons. Il paraît que c'est tellement beau. » (Saint-Exupéry, *Le Petit Prince,* Paris, Gallimard, 1946, p. 36.) Quelles ont donc été les chenilles de votre existence ? Quels papillons sont-elles devenues ?

Exercice: Bénéficier d'une correspondance plus que vive

Imaginez que votre deuil vous écrit. Que vous dit-il? Comment vous perçoit-il? Que vous souhaite-t-il? Encore une fois, tentez de personnifier votre deuil. Vous pouvez, une fois la lettre terminée, la remettre à un ami pour qu'il vous l'envoie par la poste à un moment de son choix.

Chacun sait habituellement ce qui est bon pour lui. L'écriture d'une lettre provenant du deuil permet souvent de trouver des ressources personnelles et des pistes pour progresser dans son deuil.

L'ÉTÉ

La boucle de la transition

«Et voilà, le cycle des saisons se poursuit. La boucle de la transition est complète. Le printemps a succédé à l'hiver et à l'automne. Puis vient l'été. Nous nous installons dans la nouveauté, dans la création, dans la douceur de la vie... Comme le dit si bien cette chanson de Marjo: "La vie ressemblait à ces après-midi d'été..."

«Heureusement, il y a aussi l'été. La vie n'est pas que transition... Elle est aussi réalisation, stabilité, accomplissement dans la chaleur de l'été. Dégustons les fruits, savourons les couleurs et humons tous ces parfums qu'ont créés, inventés, renouvelés les saisons de la transition. Et que l'été puisse durer... jusqu'à ce que la vie amène à nouveau le mouvement, la transition.»

Michèle Roberge, *Tant d'hiver au cœur du changement*, Sainte-Foy, Les Éditions Septembre, 1998, p. 106.

1. Pratiquer de nouvelles activités

Ce à quoi nous accordons du temps et de l'attention exprime ce que nous valorisons. Et ce que nous valorisons nous répond. Plus nous cultivons l'amour et les relations harmonieuses, plus nous vivons d'amour et de bonnes relations.

Guy Corneau, *La guérison du cœur*, Montréal, Éditions de l'Homme, 2000, p. 119.

Le contact avec la maladie, la mort et la souffrance crée souvent une ombre sur les beautés environnantes. La vie semble difficile et empreinte de non-sens. Les activités qui, autrefois, procuraient plaisir et détente rappellent maintenant l'absence de l'être cher et semblent désuètes. Il est alors nécessaire de pratiquer de nouvelles activités.

Certaines personnes endeuillées hésitent à s'engager dans de nouveaux projets parce qu'elles mesurent leur amour pour l'être cher à la durée de leur deuil; d'autres hésitent par peur d'être blessés à nouveau; d'autres encore manquent de motivation à cause de la fatigue accumulée. Or, à un certain moment dans son parcours de deuil, l'individu est appelé à diriger vers l'extérieur l'énergie qu'il serait porté à continuer de consacrer au défunt.

Selon ses intérêts, ses habiletés ou ses ressources, la personne endeuillée doit trouver de nouvelles façons d'organiser son quotidien. En effet, même si initialement la motivation est absente, le mouvement suscité par de nouvelles activités l'aide à ne pas s'enliser dans la souffrance du deuil.

Toutes les activités favorisant le contact avec la vie peuvent aider et sont de mise: jardinage, soins d'un animal domestique, contact avec de jeunes enfants, activités sportives, culturelles ou artistiques, etc.

S'abstenir de courir des risques, d'essayer, de découvrir ou de changer est la meilleure façon de ne pas accéder à nouveau à la joie de vivre. Tout comme l'appétit qui vient quelquefois en mangeant, le plaisir d'une activité se découvre en la pratiquant. L'effort nécessaire est récompensé par le plaisir que cette activité procure avec le temps. La peur sous-jacente s'estompe pour laisser place à la satisfaction et à la fierté personnelle.

Trouvez deux ou trois activités qui vous attirent, mais que vous n'avez jamais essayées. Qu'attendez-vous pour les pratiquer ?

Exercice: Réaliser ses souhaits

Dès notre conception, un nouveau livre s'amorce: le livre de notre vie ! Au fil des jours, les pages blanches se noircissent des événements qui jalonnent notre quotidien. Enfant, nous ne détenons pas toujours la plume pour écrire notre histoire. Nos parents ou les gens qui nous entourent déterminent souvent le contenu des chapitres. Mais arrive un jour où, devenus adultes, nous sommes désireux et capables d'écrire notre vie telle que nous la souhaitons.

Ainsi, il est toujours possible de réaliser ses désirs et de modifier son quotidien. Il se peut que certains chapitres, ou même l'ensemble de l'histoire initiale, vous déplaisent. Vous pouvez faire un revirement à votre histoire... Aujourd'hui, vous pouvez décider de l'histoire souhaitée pour le livre de votre vie !

1. Quelles sont les «choses» que vous aimeriez réaliser avant de mourir? Faites l'effort d'en trouver cinquante !

2. Nommez-en cinq prioritaires.

✍

Il n'est pas rare d'entendre des gens se plaindre parce qu'ils ne réalisent pas ce qui leur est cher, parce qu'ils manquent de temps à consacrer à ce qui leur fait plaisir, etc. Le fait d'écrire une liste de ce que vous aimeriez réaliser vous incite à définir vos priorités et à passer à l'action.

Il peut s'agir de rêves que vous caressez depuis longtemps, de petits projets que vous désirez réaliser, de promesses que vous remettez sans cesse à plus tard, de curiosité que vous aimeriez satisfaire, peu importe.

Sur votre liste, vous constaterez que certains éléments nécessitent beaucoup de temps et d'efforts, alors que d'autres sont plus faciles et rapides à réaliser. Certains projets peuvent susciter des peurs, des hésitations alors que d'autres sont empreints de passion et d'enthousiasme. Certains projets se réaliseront, d'autres demeureront utopiques. Certains coïncident avec votre personnalité ou votre style de vie alors que d'autres sont marginaux et cocasses...

Quand la vie vous pèse, il ne reste plus qu'à consulter votre liste et à passer à l'action. Chaque projet peut devenir un objectif. Un simple pas dans la direction de cet objectif vous rapproche de sa réalisation. La vie est un rêve, faites-en une réalité...

«Si tu veux amarrer ton bateau à quai, tu dois d'abord en construire un...», disait une femme sage.

3. Sur votre liste, précisez si vos souhaits sont réalisables à court, à moyen ou à long terme.

✍

4. Choisissez «une chose» que vous réaliserez au cours des trois prochains mois, ou dont vous amorcerez la réalisation. Quel est ce souhait?

✍

5. Comment vous y êtes-vous pris pour qu'il se réalise ou qu'il commence à se réaliser?

✍

6. Quels sont les bienfaits de cette réalisation ou de ces quelques pas vers la réalisation?

✍

2. Vivre l'instant présent

Nous sommes si souvent tournés vers le passé ou le futur que nous avons peine à savourer l'instant présent.

Plusieurs individus semblent toujours être en quête de quelque chose: un cours excitant, un mobilier neuf, un nouvel amoureux, etc. Ils sont sans cesse insatisfaits et ils en veulent toujours plus! Ces mêmes individus ont souvent l'impression qu'une fois leur désir satisfait, ils seront heureux. Mais en vain, ils constatent qu'un nouveau désir est apparu.

Par exemple, un parent, dont l'enfant vient de naître, se dit: «Si seulement il pouvait parler!» Lorsque le bébé parle, le parent rêve alors du jour où il ira à l'école. Lorsque l'enfant entre à la maternelle, le parent souhaite le voir terminer l'université, etc. L'enfant devenu grand, le parent regrette la passé et trouve que cela a passé trop vite. Il aimerait pouvoir bercer son enfant à nouveau...

La sagesse dit: «Aime ce que tu as et tu seras heureux.» En effet, le bonheur dépend moins de ce qui nous arrive que de ce que nous faisons avec ce qui nous arrive. Difficile à réaliser quand l'être cher est disparu!

Paradoxalement, la mort nous apprend souvent à apprécier ce qui nous entoure, à déceler le beau dans notre environnement et en soi, à porter attention à des événements qui, auparavant, seraient demeurés inaperçus.

Pour ce faire, il suffit d'accepter ce qui se présente à soi: les personnes, les événements, les émotions, les pensées. Nous avons souvent tendance à résister, et c'est cette résistance qui rend la vie si difficile. Si nous tenons pour acquis que la vie n'est pas toujours un jardin fleuri, mais que les bourgeons et la nature parfois sauvage ont leur beauté, nous accepterons mieux la réalité.

Pour apprendre à savourer l'instant présent, vous pouvez affiner vos sens en regardant, en écoutant, en dégustant, en humant, en touchant ce qui vous entoure. Ce sont souvent les pensées rattachées au passé ou au futur qui sont souffrantes. Lorsque nous sommes centrés sur le moment présent, nous acceptons davantage la réalité. L'individu qui se dit: «Voici ma situation... ici et maintenant. Je compose avec cette réalité» découvre alors un plaisir à être simplement là. Tout comme un jardin, il peut alors ensemencer l'instant, l'embellir, enlever les mauvaises herbes, etc. C'est en prenant conscience de l'instant, en y étant attentif, qu'il peut définir ce qui lui convient.

La personne endeuillée qui est présente au monde extérieur devient aussi capable d'être attentive à son univers intérieur. La reconnaissance des émotions et une perception consciente de sa réalité permettent un mieux-être. N'est-ce pas quand nous sommes inconscients que l'on accomplit des automatismes destructeurs: fumer, crier, injurier, etc. La présence à soi et aux autres a un effet curatif. Pourquoi attendre que la souffrance nous fasse découvrir ce bienfait? Aujourd'hui, prenez le temps de prêter l'oreille à une musique, à votre environnement, etc. Attardez-vous à un élément de beauté, découvrez la splendeur de l'instant. Affinez votre conscience et soyez vigilant dans vos paroles...

Exercice: Savourer le «ici et maintenant»

1. Est-ce que vous appréciez votre situation actuelle, ce que vous êtes, ce que vous avez, ce que vous vivez?

   ___

2. Est-ce que vous vivez et accueillez intensément et pleinement l'instant présent?

   ___

3. Quelles sont les situations que vous accueillez plus facilement?

✍

4. Quelles sont les situations que vous accueillez moins facilement?

✍

5. Quelles sont les personnes que vous accueillez plus facilement?

✍

6. Quelles sont les personnes que vous accueillez moins facilement?

✍

7. Quelles sont les émotions (les vôtres et celles des autres) que vous accueillez plus facilement?

✍

8. Quelles sont les émotions (les vôtres et celles des autres) que vous accueillez moins facilement?

✍

9. Qu'est-ce que vous faites pour mieux savourer l'instant présent?

✍

10. Qu'est-ce que vous pourriez faire d'autre pour vous inciter à savourer l'instant présent?

✍

3. Être responsable de soi

À quoi bon le silence de tout le quartier, quand l'affectivité frémit?

Sénèque, «Lettres à Lucilius» dans *Sénèque*, Paris, Bouquins, Robert Laffont, Lettre 56, 5, 1993, p. 729.

Plusieurs personnes ont tendance à se sentir responsables de ce que les autres font ou disent. Pourtant, si un membre de la famille se comporte de façon inappropriée lors des funérailles, certains s'en verront outrés, d'autres indifférents alors que d'autres encore seront tristes. Ainsi, chacun est responsable de ses réactions, puisque celles-ci diffèrent selon les individus. De façon similaire, si quelqu'un vous désapprouve et que vous vous mettez à douter de vous-même, vous êtes responsable de votre réaction. Un commentaire désobligeant ou un geste réprobateur ne vous concerne que si vous y donnez votre accord.

Les pensées entourant un événement ou une situation sont donc à l'origine des émotions. Un événement engendre des réactions émotives différentes selon les pensées présentes.

La situation ou l'événement n'est alors pas la cause des émotions, mais une «occasion» de vivre une émotion. En conséquence, pour changer une émotion, on peut changer soit l'occasion (l'événement), soit la cause des émotions (l'idée).

Certains individus ont des pensées qui favorisent l'émergence d'émotions agréables, alors que d'autres entretiennent des croyances irrationnelles qui engendrent des émotions désagréables. Les croyances irrationnelles sont des idées illogiques ou sans fondement que l'individu entretient à l'égard de lui-même, des autres et de ce qui l'entoure.

Par exemple, plusieurs croient que les autres sont responsables de leurs émotions ou encore des émotions des autres. Or, si les gens réagissent à nos comportements, ils ne sont pas pour autant moins responsables de leurs émotions. En effet, leurs émotions dépendent de leurs pensées intérieures.

Certains usent donc de prudence irraisonnée par crainte de blesser les autres. Bien qu'il soit parfois préférable de garder le silence, rappelons-nous que les gens réagissent à des événements avec leur propre système de croyances. Par le fait même, ils ont des émotions qui leur sont propres. Chercher à éviter l'émergence d'émotions chez les autres consiste à ne pas faire confiance aux capacités de nos interlocuteurs d'exprimer leurs malaises ou de les gérer.

Parallèlement, nous sommes responsables de nos émotions. Ce que l'autre pense lui appartient. Le jugement qu'il porte découle de ses croyances. Vous pouvez être en désaccord et chercher à défendre vos propres croyances. Un conflit apparaît alors, puisque chacun tente de convaincre l'autre qu'il a raison. Ainsi, la personne qui dit: «Ce que tu me dis me fait de la peine» n'a pas compris que c'est elle qui se laisse toucher pas les propos d'une autre personne. Elle croit que l'autre n'aurait pas dû lui dire ce qu'il lui a dit. Se responsabiliser de ses émotions et de ses actions et laisser aux autres le soin de gérer les leurs; se positionner, accepter la différence et reconnaître ce qui a du sens pour soi: voilà une façon de vivre de façon responsable.

Exercice: Développer sa gratitude

> *Ce qui te manque, cherche-le dans ce que tu as,* dit un proverbe zen.

La gratitude est la reconnaissance des bienfaits de la vie. Pour avoir de la gratitude, il s'agit de faire un inventaire de tout ce que nous sommes, de tout ce que nous possédons et de tout ce que nous recevons. Nous constatons alors notre richesse... bien au-delà du matériel.

Quelles sont les gratitudes que vous avez envers la vie? Quelles sont les beautés qu'elle vous offre? Quels sont les moments de joie ou de grâce qu'elle vous permet de vivre?

Un rituel transformant le quotidien en sacré consiste à trouver au moins trois gratitudes tous les jours. Ainsi, avant de sombrer dans le sommeil, vous pouvez tenir un journal de gratitudes dans lequel vous écrirez trois éléments que vous avez appréciés et savourés pendant la journée... et pour lesquels vous êtes reconnaissant.

Cet exercice favorise la prise de conscience de chaque instant. Plutôt que de s'attarder constamment au manque, il permet à celui qui le pratique de reconnaître davantage les éléments positifs de sa vie.

Apprécier ce que l'on a est un point de départ pour ensuite recevoir davantage... Le bonheur est une façon de voyager plus qu'une destination. Constater les beautés du voyage... voilà une façon d'arriver à destination satisfait!

1. Trouvez au moins trois gratitudes ou moments de grâce de votre journée.

   ✍

2. Répétez cet exercice tous les jours.

Ces gratitudes sont sans doute le plus bel hymne à la vie qui puisse être composé... et ce sera le vôtre!

4. Se faire confiance

La question à se poser finalement est de savoir si la vie est une expérience à vivre ou un problème à résoudre.

Denis Pelletier, *L'arc-en-soi*, Montréal, Éditions Stanké, 1981, p. 54.

Il arrive souvent d'entendre les gens dire: «J'aurais dû me faire confiance» ou «J'aurais dû me fier à mon intuition». Avoir confiance en soi, c'est se fier à ce que l'on pense, ou encore à ce que l'on ressent. En effet, une forme d'intelligence émotionnelle ou sensorielle nous permet souvent d'obtenir de l'information que nous ne savons pas décoder ou interpréter au bon moment. Ce n'est qu'après coup, et souvent trop tard, que nous réagissons. Les messages reçus deviennent plus clairs: «J'aurais dû me douter quand... Je trouvais cela bizarre, mais...» Tout est alors vu sous un jour différent.

La confiance en soi consiste donc à croire en son potentiel et en ses habiletés. Il existe plusieurs effets défavorables liés à un manque de confiance en soi. L'individu qui manque de confiance en lui peut vivre:

- de la solitude;
- de la culpabilité;
- de la fatigue physique et mentale;
- des interrogations sur ce que les autres pensent de lui;
- des insécurités, des doutes;
- du ressentiment, de l'amertume ou du mépris envers lui-même et les autres;
- de la frustration;
- de la timidité, de la gêne;
- une impression d'infériorité.

Par ailleurs, lorsqu'un individu apprend à croire en lui et développe sa confiance personnelle, il constate plusieurs effets favorables dont:

- la capacité de rire de soi et un plus grand sens de l'humour;
- des relations plus authentiques et harmonieuses avec les autres;
- une plus grande détermination;
- l'atteinte de ses objectifs;
- une estime de soi et une valorisation personnelle accrue;
- le respect de soi et des autres;
- un regard plus juste des perceptions des autres à son égard;
- une impression de contrôler sa vie.

Souvent, lors d'un deuil, la confiance personnelle est ébranlée. La personne doute de ses capacités à surmonter cette épreuve. Pourtant, progressivement, elle découvre de nouvelles ressources demeurées jusque-là insoupçonnées. Apprendre à se faire confiance, c'est savoir que malgré la souffrance, il y a toujours en soi les habiletés pour retrouver un mieux-être.

Exercice: Se fier à soi

1. Que veut dire pour vous l'expression «avoir confiance en soi»?

   ✍

2. Êtes-vous une personne qui a confiance en elle?

3. Qu'est-ce qui vous fait dire que vous avez ou que n'avez pas confiance en vous?

   ✍

4. Comment pouvez-vous vous améliorer sur ce plan?

✍

5. Existe-t-il des situations ou des types de personnes avec lesquelles vous avez de la difficulté à leur faire confiance?

✍

6. Êtes-vous capable d'offrir et de recevoir des commentaires positifs?

---

7. Êtes-vous capable de faire une demande?

---

8. Êtes-vous capable de dire non?

---

9. Êtes-vous capable de donner et de recevoir des critiques?

---

10. Est-ce que vous êtes attentif et vous fiez à ce que vous ressentez?

---

11. Pensez à des personnes avec lesquelles vous vous sentez moins bien. Pourquoi continuez-vous à entretenir ces relations?

✍

12. Ces raisons sont-elle justifiées?

✍

13. Pour vous aider à prendre connaissance et à croire en votre potentiel, dressez, dans un premier temps, une liste de «Je ne peux pas...» qui s'appliquent à vous présentement.

✍

Pour ce faire, pensez à vos relations interpersonnelles. Voici quelques exemples de «Je ne peux pas»:

- Je ne peux pas pleurer devant les membres de ma famille.
- Je ne peux pas dire à mes parents comment ils me sont chers.
- Je ne peux pas faire les premiers pas vers quelqu'un qui me plaît.
- Etc.

✍

Prenez conscience des émotions ressenties lorsque vous faites cette énumération. Peut-être ressentez-vous de la pitié, de la colère, de l'envie, du regret, de la tristesse, etc.

Il semble que la majorité des «Je ne peux pas...» soient des limites que l'on s'impose personnellement. Remplacez donc, dans chacune des affirmations précédentes, les «Je ne peux pas...» par «Je ne veux pas». À la suite de cette transformation, avez-vous davantage l'impression d'avoir du pouvoir sur votre vie et d'assumer vos choix?

✍

5. S'ouvrir aux autres

Le pire péché que l'on puisse commettre envers ses semblables n'est pas de les haïr, mais plutôt de se montrer indifférent; c'est l'essence même de la cruauté.

George Bernard Shaw

L'ouverture aux autres ne se fait pas à un moment spécifique du deuil. Elle apparaît progressivement au cours de celui-ci. Immédiatement après la mort, la personne endeuillée est aux prises avec sa souffrance. Elle n'a donc pas d'énergie et de motivation pour s'investir dans de nouvelles relations. Elle a alors tendance à se refermer sur elle-même et à se limiter à son univers connu. Cette attitude est habituelle et normale; elle offre réconfort et sécurité.

D'ailleurs, quoi qu'on en dise, endeuillés ou non, nous avons tous des préjugés et des idées préconçues. Dès notre enfance, on apprend généralement à aimer ou à ne pas aimer. Les adultes autour de nous se prononcent sur une personne, une situation, une ethnie, un aliment, une attitude, etc., et nous enregistrons leurs paroles et leurs réactions.

Ainsi, nous vieillissons avec ces idées enregistrées et, à moins d'un travail pour en être conscients, nous réagissons en fonction de celles-ci.

Lorsque surviennent l'inconnu et la nouveauté, nous sommes sans référent. Ce qui fonctionnait bien jusqu'à maintenant doit être modifié, car de nouveaux éléments sont intégrés. Plusieurs rejettent alors spontanément ce qui est étranger ou encore adoptent une attitude de méfiance. En effet, ce qui est différent peut aussi être menaçant. Ainsi, la peur et l'insécurité sont souvent à l'origine des préjugés. On s'inquiète de cette différence et pour se rassurer sur sa propre valeur, on discrédite l'autre, on se protège.

Au fur et à mesure que le deuil progresse, la possibilité de tisser de nouveaux liens apparaît. Souvent, la souffrance de la perte permet de laisser tomber certains préjugés. Plusieurs personnes endeuillées parlent d'ailleurs de cette plus grande ouverture aux autres comme un élément positif inhérent à la perte vécue. Reconnaître sa vulnérabilité aide à accepter les limites des autres.

La souffrance, si elle est explorée et dépassée, permet d'accéder à une ouverture plus grande. Habituellement, le deuil est en voie de se terminer quand une personne est capable de créer de nouveaux attachements.

Exercice: Laisser tomber ses préjugés

Habituellement, la connaissance aide à minimiser les préjugés et à accepter la différence. En effet, l'esprit ouvert et la connaissance incitent au discernement.

1. Avez-vous tendance à vous fier à vos premières impressions?

2. Avez-vous, à votre connaissance, des attitudes favorables ou défavorables face à un sujet, à un objet, à une personne, à un groupe de personnes. Lesquelles?

3. Quels sont les préjugés, les stéréotypes qui font partie de votre vie?

4. Comment pouvez-vous tenter de modifier une attitude défavorable entretenue envers une autre personne?

✍

5. Tentez de modifier une idée préconçue sur une personne en vous rapprochant de celle-ci.

✍

6. Communiquer ses émotions

L'émotion est un fil d'or qui nous relie au sens caché des êtres et de nous-mêmes.

Jacques Salomé

La façon de communiquer ses émotions joue un rôle fondamental dans leur gestion. En effet, une communication inadéquate peut être une occasion pour l'interlocuteur de réagir de façon défensive. Une impasse relationnelle n'est alors nullement aidante pour la gestion des émotions.

Pour exprimer ses émotions dans un climat de communication sain, il est utile de recourir au message «je». Ce type de communication possède plusieurs avantages.

- Il préserve l'estime personnelle de chacun.
- Il favorise un climat de réceptivité et de respect. En effet, il provoque moins de résistance, car les autres ne subissent pas nos émotions.
- Il témoigne de l'importance de la relation qu'on entretient avec l'interlocuteur.

La personne qui l'utilise devient un modèle d'ouverture et d'authenticité.

- Il favorise une meilleure connaissance de soi.
- Il permet d'entrer en contact avec ses émotions et ses besoins et, par le fait même, d'agir de manière plus efficace.
- Il permet à l'interlocuteur de prendre conscience de ses propres comportements.
- Il laisse à l'interlocuteur la responsabilité de son comportement. Il a alors l'occasion de s'améliorer s'il le désire.

Le message «je» a trois composantes: description du comportement, identification des émotions, conséquences. L'ordre dans lequel elles sont présentées a peu d'importance. L'expression des émotions demeure toutefois l'élément prioritaire.

1. *Description du comportement.* Il s'agit de décrire le comportement, les paroles ou la situation le plus concrètement et objectivement possible. Il importe d'éviter les jugements et les blâmes.

   Exemple inadéquat: Quand tu fais ton air bête... (jugement).

   Exemple adéquat: Quand tu fronces les sourcils... (objectif et directement observable).

2. *Identification des émotions.* L'élément clé du message «je» est l'identification et l'expression des émotions ressenties. Il s'agit d'exprimer l'émotion ressentie à la suite du comportement en utilisant le pronom «je».

   Exemple inadéquat: Je sens que tu ne comprends rien... (aucune émotion exprimée).

   Exemple adéquat: Je suis inquiète... (émotion d'inquiétude précisée).

3. *Conséquences.* Les conséquences sont les effets qu'ont le comportement ou les paroles dites sur nous. L'interlocuteur ne se sent pas jugé, mais il peut choisir de changer son attitude.

   Exemple inadéquat: «Comme d'habitude, t'entends ce que tu veux bien entendre...» (jugement).

   Exemple adéquat: «Parce que j'ai l'impression que tu n'as pas compris ce que j'ai dit...» (conséquence qui ne juge pas; il s'agit d'une impression).

En communiquant vos émotions à l'aide des messages «je», vous aidez votre interlocuteur à s'adapter à vos besoins, sans toutefois l'obliger à le faire. Il ne se sent pas attaqué, jugé, tancé, menacé, etc. Il se montre alors plus réceptif. Les messages «je» ne sont pas infaillibles, mais ils aident grandement à la gestion des émotions puisqu'ils favorisent un climat de communication positif.

Exercice: Déclarer son amour

Certaines personnes ne savent pas comment communiquer leurs émotions. Cette difficulté est facilement compréhensible lorsqu'il s'agit d'émotions désagréables. Or, il arrive que des états aussi agréables que celui de l'amour soient aussi difficiles à communiquer. Ainsi, plusieurs personnes n'osent pas dire «Je t'aime» ou sont gênées d'exprimer leur affection.

L'exercice qui suit vise à vous aider dans le témoignage d'émotions agréables.

1. Nommez cinq personnes que vous aimez dans votre environnement. Écrivez le nom de ces cinq personnes.

   ✍

2. Au cours d'un même journée, témoignez votre amour à ces cinq personnes. Idéalement, faites-le de vive voix. Si cela n'est pas possible ou trop difficile, vous pouvez leur écrire.

   ✍

Cet exercice ne prend pas beaucoup de temps. Il s'agit de dire à quelqu'un: «Je t'aime. J'apprécie ta présence dans ma vie...»

Vous constaterez peut-être un malaise de votre part ou de celle de votre interlocuteur. Vous pouvez aussi l'exprimer. Vous ressentirez alors les bienfaits immédiats de tels messages... et peut-être en recevrez-vous à votre tour. Les gens apprennent par l'exemple!

7. Pratiquer l'art de l'optimisme

Il n'y a pas de problème...seulement des occasions!

Fletcher Peacock, *Arrosez les fleurs, pas les mauvaises herbes!*, Montréal, Les Éditions de l'Homme, 1999, p. 51.

Certaines personnes prévoient toujours le pire. Ayant peur qu'un malheur ou qu'un événement désagréable survienne, elles s'empêchent de réaliser des projets ou de pratiquer de nouvelles activités. Elles neutralisent ainsi toute action de crainte qu'elle se conclue par un résultat négatif. Elles font de la prévision catastrophique. D'autres personnes généralisent leur opinion à partir de quelques informations. Elles jugent négativement les autres et en arrivent rapidement à des conclusions défavorables. Ces personnes pessimistes font de la généralisation excessive.

La prévision catastrophique consiste à prévoir le pire et à croire que si quelque chose de négatif est susceptible de survenir, il surviendra. Les commentaires suivants illustrent ce type de croyance irrationnelle: «Lui exprimer ma position empirerait la situation», «Même si je lui en parle, il ne comprendra pas», etc. Sans sombrer dans un positivisme naïf, rappelons-nous que les prévisions positives existent. Voici quelques exemples de pensées entretenues par les gens pessimistes qui font de la prévision catastrophique:

- Si quelque chose de négatif est susceptible d'arriver, cela arrivera.
- Si j'accomplis une action, cela va empirer la situation.
- Tout finit par mal tourner.
- Je dois être bouleversé ou préoccupé par un danger potentiel.
- Si cela va trop bien, un malheur finira par arriver.

Parallèlement, la personne qui use de généralisation excessive fonde ses perceptions à l'égard d'elle-même ou des autres sur un seul élément et en tire des conclusions. Ainsi, on peut dire d'une personne qu'elle se plaint toujours ou encore penser de soi-même qu'on est toujours indécis. Pourtant, les mots «toujours» et «jamais» ne font que généraliser un comportement ponctuel. De même, l'utilisation de phrases comme «C'est catastrophique», «C'est affreux» ou «C'est terrible» bouleversent davantage que «C'est un ennui temporaire», «C'est un souci» ou «C'est une déception». Ainsi, certains mots favorisent l'émergence de pensées généralisantes qui, à leur tour, suscitent des émotions désagréables.

Voici quelques exemples de généralisation excessive:

- Je peux fonder une croyance sur les autres ou sur moi-même à partir d'une seule caractéristique.
- Je dois critiquer la personne si une erreur est commise.
- Il est normal de s'attarder principalement aux défauts d'une personne.
- Les faiblesses déterminent la personnalité d'un individu.
- Amplifier des défauts ou des insatisfactions incite au changement.

Heureusement, l'art de l'optimisme s'apprend. Il s'agit d'être attentif à nos pensées négatives. Lorsqu'elles surviennent, il faut confronter ces idées qui empoisonnent l'existence et nuisent au bonheur. Il est possible de chercher à tirer le meilleur parti des événements et de transformer le négatif en positif. Après tout, chaque situation est source d'apprentissage...

Exercice: Visualiser

La visualisation consiste à utiliser son imagination et sa pensée pour créer des images empreintes d'harmonie. La pratique de la visualisation est très simple. Vous devez vous installer confortablement pour atteindre un état de détente. Vous imaginez alors un scénario positif qui se déroule au présent. L'utilisation de vocabulaire et de phrases simples est de mise. Le scénario imaginé peut correspondre à un désir, à une difficulté résolue ou encore à une situation agréable. Ainsi, vous pouvez vous visualiser heureux, dans un endroit de rêve, en agréable compagnie ou seul, etc.

Cette imagerie mentale positive suscite un état de mieux-être. Elle favorise habituellement la découverte de ressources permettant d'atteindre un état plus harmonieux dans la vie de tous les jours. Pour y arriver, il faut un peu de pratique. Pourquoi ne pas inscrire à votre horaire quinze minutes de visualisation quotidienne?

8. Être authentique

Nous nous pensons ouverts,
Mais nul ne sait à l'avance
Dans l'imprévisibilité d'un échange
Le surgissement émerveillé
D'une rencontre vraie.

Jacques Salomé, *Passeur de vies*, Paris,
Éditions Dervy, 2000, p. 145.

L'authenticité correspond à la capacité d'être soi-même, c'est-à-dire d'être vrai et spontané. L'individu authentique est congruent entre ce qu'il exprime verbalement et non verbalement. Il est conscient de ce qu'il vit et ressent afin d'assumer et d'exprimer le plus clairement possible son expérience à l'autre. Il est vrai et sans façade dans ce qu'il fait et ce qu'il est. Il se donne le droit de ressentir ce qu'il ressent ou de penser ce qu'il pense.

Ainsi, l'individu authentique:

- renonce à être ce qu'il n'est pas;
- s'accepte tel qu'il est, dans le ici et maintenant;
- n'utilise pas de masque ou de façade;
- évite de se montrer supérieur à l'autre;
- n'essaie pas de minimiser ce qu'il est;
- exprime ce qu'il vit directement;
- écoute l'autre sans interpréter ou juger ce qu'il dit;
- se montre spontané plutôt que stratégique dans ses rapports avec les autres;

- réagit dans le moment présent plutôt que d'attendre le bon moment ou les bonnes paroles;
- préfère l'interdépendance plutôt que la dépendance dans ses relations;
- est concret dans ses propos;
- est ouvert et disposé à entrer en relation.

Un des apprentissages inhérents au deuil est souvent cette plus grande capacité à être authentique. En effet, après une souffrance, les gens se rendent compte qu'il ne sert à rien de jouer un rôle ou de camoufler sa vraie personnalité. Il est beaucoup plus facile d'être vrai et de dire spontanément ce que l'on ressent. Cela évite d'avoir des regrets et donne l'impression de vivre plus intensément. Être authentique, c'est se connecter avec l'essentiel, avec la vie. N'est-ce pas une bonne façon de progresser dans son deuil?

Exercice: Réfléchir à sa capacité d'être vrai

1. Les autres vous permettent-ils d'être comme vous avez le goût d'être?

2. Est-ce que vous vous permettez d'être comme vous avez le goût d'être?

3. Qu'est-ce qui vous fait porter des masques (les causes)?

✍

4. Quelle est l'image que vous tentez de projeter dans votre environnement? Est-ce que cela correspond à ce que vous êtes?

✍

5. Quelles raisons peuvent vous inciter à projeter une image différente de celle que vous vous faites de vous-même?

✍

6. Est-ce que vous restez toujours avec les mêmes personnes lors d'une activité sociale?

✍

7. Est-ce que vous êtes toujours angoissé quand vous vous retrouvez dans un groupe ou avec de nouvelles personnes?

✍

8. Y a-t-il des situations qui provoquent chez vous plus d'angoisse ou de nervosité?

✍

9. Y a-t-il des moments où vous vous sentez vraiment à l'aise?

✍

10. Êtes-vous accroché à des stéréotypes, à des rôles ou à des idées préconçues sur ce qui est «correct ou incorrect»?

✍

9. Améliorer sa communication

> *Des étrangers vous sourient... Ils n'attendent rien en échange et leur geste ne marque pas le début de relations sociales. L'offre est faite librement, librement acceptée dans une confiance mutuelle. Les gens vous sourient comme des enfants, sûrs qu'ils ne seront pas repoussés et qu'un sourire leur sera rendu. Le sourire, le rapport qu'il crée, restent suspendus dans l'espace, dans la pureté du présent...*
>
> Anne Lindbergh, *Solitude face à la mer*, Montréal, Les Presses de la Cité,1983, p. 96-97.

Les gens qui entretiennent des relations satisfaisantes avec les autres sont ceux qui savent bien communiquer. «Mais comment améliorer sa communication?» s'interrogent plusieurs personnes. Il faut éliminer plusieurs attitudes ou comportements nuisibles pour une bonne communication. En voici quelques-uns:

- Limiter la communication à des propos superficiels ou à des banalités. La vie est si courte qu'il vaut mieux l'utiliser pour dire ce qui nous semble important ou vrai. Souvent, l'individu qui use de propos futiles agit de la sorte parce qu'il craint d'être jugé, incompris, rejeté ou ridiculisé. Pourtant, parler de ce que l'on ressent, de ce que l'on vit, de ce qui nous intéresse est beaucoup plus stimulant pour soi et pour son interlocuteur. Ainsi, il vaut mieux savourer le silence que de chercher à le combler par des paroles futiles.
- Porter un masque en jouant un rôle, soit pour créer une impression favorable ou pour se protéger. Comme nous l'avons vu, il vaut mieux être authentique. Les gens savent alors à qui

ils ont affaire. Personne n'est dupe. L'authenticité minimise les déceptions ultérieures.

- Cesser de communiquer parce que l'autre semble supérieur ou non favorable à ce que l'on dit. Certaines personnes ne prennent pas leur place parce qu'elles ont l'impression que les autres valent plus qu'elles ou encore qu'ils jugent leurs propos. Pourtant, chaque être humain est unique et la valeur de chacun ne peut être hiérarchisée.
- Avoir l'impression de détenir la vérité et tenter de convaincre les autres de ses idées. Chaque personne a une conception différente de la réalité. C'est cette multitude de perceptions qui créent la diversité et la richesse des relations. Il vaut mieux tenter de comprendre le point de vue de l'autre et le respecter que de tenter de le rendre semblable au nôtre. Chacun a le droit à la différence et il ne sert à rien de tenter de changer les autres.
- Juger, désapprouver, mettre en doute, généraliser, catégoriser, etc. La personne qui s'exprime a simplement besoin d'être accueillie. Bien communiquer, c'est donc recevoir ce que l'autre nous exprime sans toujours chercher à évaluer la véracité ou le bien-fondé de son message.

Rares sont les personnes avec qui la communication est stimulante. Pourtant, vous constaterez qu'en vous abstenant des attitudes précédentes, les échanges avec les autres seront plus satisfaisants.

Exercice: Avoir un échange énergisant

Vous avez sans doute remarqué qu'après avoir parlé avec certaines personnes, vous vous sentez rempli d'énergie. Parallèlement, avec d'autres, vous avez l'impression d'être fatigué. Bien sûr, certaines personnes sont plus douées que d'autres pour la communication. Or, notre façon d'être et de communiquer joue aussi un rôle déterminant dans la satisfaction reliée à un échange.

1. Rappelez-vous, immédiatement après la mort de l'être cher, quelles étaient les personnes qui vous faisaient du bien. Quelles étaient les personnes avec qui vous vous sentiez respecté et accueilli malgré votre humeur?

   ✍

2. Choisissez une de ces personnes pour avoir un «échange énergisant» alors que vous êtes maintenant dans une période un peu plus ensoleillée de votre vie. Invitez-la à partager un repas. Dites-lui ce que vous avez apprécié chez elle, comment vous la percevez, le chemin parcouru dans votre deuil. Informez-vous de ses perceptions à votre égard, de ses expériences de pertes, etc.

Vous remarquerez que de tels sujets favorisent des échanges énergisants. Vous vous découvrez mutuellement, vous partagez une intimité, vous cheminez dans votre connaissance personnelle et mutuelle. Essayez-le.

10. Écouter

Nous avons deux oreilles et une seule bouche. Démontrons-le !

Souvent, lors d'un deuil, nous constatons la difficulté des gens à être à l'écoute. Il y a les personnes qui sont portées à nous interrompre pour exprimer les idées qui leur viennent spontanément à l'esprit ou pour donner des conseils. Il y a celles qui confondent ce qu'elles entendent avec leur expérience personnelle. Habituellement, ces personnes aiment parler de leurs expériences qu'elles jugent similaires à la nôtre. D'autres semblent évaluer nos propos et porter un jugement ou interpréter ce qu'on dit. Certains gardent le silence pour réprimer leur colère ou tentent de changer de sujet par de l'humour ou des anecdotes hors propos.

Savoir écouter n'est donc pas une habileté innée. Cela nécessite des dispositions particulières pour chercher à connaître l'autre, pour le comprendre et le respecter. Pour bien écouter, il faut en quelque sorte se détacher du sujet abordé afin de préserver une certaine distance émotionnelle. En effet, si on est trop impliqué dans le sujet, l'écoute diminue au profit de nos réactions personnelles, intérieures ou non.

Voici quelques conseils qui permettent de mieux écouter.

1. Cessez de parler. La personne qui parle sans cesse ne peut être disponible pour écouter ceux qui l'entourent.
2. Soyez calme et détendu. Il est difficile d'écouter attentivement quand on est pressé ou stressé. De plus, notre interlocuteur le ressent et il est moins disposé à communiquer.
3. Trouvez un élément « de beauté » à votre interlocuteur vous permettant de ressentir de l'affection pour lui. On a plus tendance à écouter ceux pour qui nous éprouvons de l'affection ou avec qui on trouve des points en commun.

4. Soyez patient. Il est important de ne pas interrompre notre interlocuteur ou encore de terminer ses phrases.
5. Ne jugez pas les propos entendus en fonction de la personne qui les émet, mais recevez-les simplement.
6. N'amorcez pas de réplique intérieure pendant que l'interlocuteur parle.
7. Cherchez l'idée principale qui est exprimée par l'émetteur.
8. Soyez attentif aux messages non verbaux et à la dimension émotive exprimés par l'interlocuteur. Allez au-delà des faits.
9. Ne rejetez pas certains aspects du contenu en supposant qu'ils sont peu importants.
10. Tentez de reformuler à votre interlocuteur son message afin de vous assurer que vous avez bien compris.

L'écoute est un art qui s'apprend. Une expérience souffrante comme un deuil sensibilise souvent l'individu à la souffrance des autres. Il importe alors de ne pas confondre ses expériences avec celles des autres, puisque, rappelons-nous, chacun est unique!

Exercice: Être un bon récepteur

Voici quelques questions qui vous aideront à réfléchir à votre écoute. Certaines d'entre elles vous guideront pour que vous deveniez un meilleur récepteur, un meilleur écoutant.

1. Êtes-vous satisfait de votre écoute?

   ____

2. Pouvez-vous mettre de côté les préjugés que vous avez sur ceux qui vous parlent?

   ____

3. Est-ce que vous attendez que votre interlocuteur ait terminé sa phrase avant de parler?

   ____

4. Est-ce que vous savez écouter même si vous prévoyez ce qui va être dit?

____

5. Si l'autre hésite, est-ce que vous l'encouragez à continuer?

____

6. Est-ce que vous faites la synthèse de ce que votre interlocuteur vient de dire?

____

7. Êtes-vous attentif aux messages non verbaux de votre interlocuteur?

____

8. Est-ce que vous laissez l'autre parler même s'il répète ou dévie de la conversation initiale?

____

9. Est-ce que vous savez détecter l'idée principale de ce qui est dit?

____

10. Le contexte vous est-il utile pour comprendre les mots?

____

Plus vous avez de réponses affirmatives, meilleure est votre écoute. Or, ne désespérez pas, il n'est jamais trop tard pour s'améliorer!

11. Apprécier le changement

Je veux toute la vivre ma vie
Je ne veux pas l'emprisonner [...]
Laissez-moi le droit de changer ma vie
Laissez-moi recommencer
Laissez-moi aller au bout de ma folie
Mais laissez-moi m'arrêter. [...]

Disque *Libre* d'Angèle Arsenault, Les Éditions Lise Aubut enr. (PS 19903).

Certaines personnes endeuillées s'inquiètent. «Depuis le décès de mon mari, je me paie des folies inaccessibles de son vivant», disait une femme. «Depuis le décès de ma mère qui souffrait de la maladie d'Alzheimer, je ressens une forme de soulagement. Je n'ai plus à prendre soin d'elle», confiait un fils. Ces personnes, tout en regrettant la mort de l'être cher, apprécient certains des changements suscités par cette perte. Elles se sentent alors coupables.

Il est tout à fait normal et habituel de découvrir des bienfaits au changement. Ces moments de joie, parallèles à la souffrance, sont bienheureux et essentiels. Ils sont d'ailleurs un signe que le deuil progresse dans la bonne voie. En effet, des moments de plaisir refont surface et démontrent les capacités d'adaptation de la personne endeuillée.

Certains voient dans l'appréciation du changement une trahison ou un manque de loyauté envers la personne décédée. Bien sûr, il est possible que cette dernière ait désapprouvé certains des comportements ou des attitudes manifestés par la personne endeuillée. Or, le défunt n'est plus de ce monde et la personne endeuillée demeure le principal artisan de son bonheur (tout comme avant que la mort survienne, d'ailleurs...). Ainsi, le moyen le plus approprié d'honorer la mémoire du défunt est de savourer les changements en retrouvant un mieux-être.

Initialement, une perte entraîne souvent une diminution de l'estime de soi. La personne endeuillée n'apprécie pas de se voir souffrante et aux prises avec ses émotions tumultueuses. Or, la personne qui découvre certains bienfaits au changement bénéficie habituellement d'une meilleure estime d'elle-même. Elle fait preuve d'ouverture, de courage et d'expression personnelle. Ces qualités sont des signes de santé mentale. Ainsi, savoir remarquer tout au cours du processus de deuil les petits changements qui surviennent et qui sont appréciés est une dimension positive et saine du processus de deuil.

Souvent, cette perception positive du changement demande un peu de temps. La visualisation peut être un moyen simple et efficace pour déceler les changements qui seraient positifs pour une personne. Elle se projette ainsi dans l'avenir. Cette technique permet alors de trouver les actions à accomplir pour rendre cette visualisation réelle.

Le défunt n'est plus. Peut-être agirait-il différemment... Peu importe, il souhaite sans doute le bonheur de ses proches.

Exercice: Écrire son histoire de vie

Plutôt que de déterrer ses vieilles blessures, plusieurs préfèrent s'enterrer avec elles!

Une méthode simple pour écrire son histoire de vie consiste à schématiser les événements marquants de sa vie. Vous devez d'abord tracer une ligne horizontale sur une feuille de papier. Au début de la ligne, vous indiquez le chiffre 0. À la fin de la ligne, vous inscrivez l'âge anticipé de votre mort.

Ensuite, vous situez les événements marquants de votre vie sur la ligne, en indiquant l'âge que vous aviez lorsque vous les avez vécus. Vous pouvez également situer les événements perçus comme positifs au-dessus de la ligne et les événements perçus comme négatifs (au moment où ils ont été vécus) au-dessous de la ligne.

Une fois votre histoire de vie schématisée, réfléchissez aux questions suivantes.

1. Que pensez-vous de votre histoire de vie?

   ✍

2. Quels sont les changement survenus dans votre vie?

   ✍

3. Y a-t-il des événements que vous perceviez négativement quand vous les avez vécus et qui vous semblent maintenant positifs, et vice versa?

   ✍

4. Comment avez-vous réussi à vous adapter à ces changements?

   ✍

5. Est-ce que vous êtes maître de votre vie ou est-ce les autres qui prennent souvent le contrôle de ce qui vous arrive?

6. Est-ce que vous aimeriez changer certaines choses dans votre vie? Lesquelles? Comment pouvez-vous y arriver?

   ✍

7. Décrivez clairement ce que vous voulez devenir.

✍

8. Comment pouvez-vous utiliser davantage votre pouvoir de choisir?

✍

9. Est-ce que vous osez vivre le meilleur de vous-même?

✍

10. Quelles ont été ou quelles seront les années les plus heureuses de votre vie? Pourquoi?

✍

11. Quelles ont été ou quelles seront les années les plus difficiles de votre vie? Pourquoi?

✍

12. Simplifier sa vie

[...] la vie de prisonnier lui avait appris qu'il est possible de se contenter de peu et qu'une telle simplification engendre une liberté spirituelle et une paix intérieure extraordinaire.

Anne Lindbergh, *Solitude face à la mer*, Montréal, Les Presses de la Cité, 1983, p. 46-47.

Nous vivons dans une société de consommation. Le transport, l'habitat, la nourriture, les vêtements, les loisirs semblent autant de raisons pour consommer davantage. Un revenu s'avère alors nécessaire. Pour cela, un emploi de plus en plus rémunérateur est requis.

C'est de cette façon que notre liberté est freinée progressivement: nous devons répondre aux exigences d'un patron, passer de plus en plus d'heures au bureau, etc. Plus nos désirs sont nombreux, plus nous sommes contraints de les satisfaire, plus notre liberté est entravée.

Certains souhaitent alors s'affranchir des modèles dominants. Pourtant, il ne sert à rien de tout rejeter du revers de la main. Il s'agit plutôt de trouver une façon de consommer qui soit modérée et vraiment source de plaisir. En observant ses comportements, on peut voir à quels besoins ils répondent et évaluer s'ils sont pertinents.

« Les biens matériels sont-ils vraiment nécessaires ? Comment puis-je avoir plus de temps pour profiter de la vie ? Mes loisirs répondent-ils à des plaisirs personnels ou sont-ils uniquement le reflet des tendances sociales ? Qu'est-ce qui est important pour moi ? Est-ce que ma vie reflète ces valeurs ? » Voilà autant de questions qui permettent d'orienter différemment et de façon plus significative ses habitudes de consommation.

Cela nécessite souvent une force intérieure et une identité solide. Il ne s'agit pas de vivre en ermite, de se dépouiller de tout et de s'appauvrir dans un esprit de sacrifice. Au contraire, une révision de sa consommation offre un sentiment d'enrichissement personnel. Plutôt que de répondre spontanément aux nouvelles tendances et de courir indéfiniment après de nouvelles stimulations, l'individu se sent maître de ses choix. Il apprend à se fier à ses intuitions, à ce qu'il ressent. Il découvre les plaisirs de « prendre le temps » : prendre le temps de regarder et d'écouter attentivement, d'humer profondément, de goûter, de toucher, etc.

La qualité de l'instant, l'amour, les relations interpersonnelles, la nature et le respect de l'environnement prennent alors de l'importance. Pensons-y. Notre emploi du temps répond-il vraiment à nos aspirations ?

Exercice : Cuisiner la recette du bonheur

La mise en application de conseils simples permet habituellement d'accéder à un plus grand bonheur. Ainsi, une recette est disponible : il ne reste plus qu'à la cuisiner !

- Faites l'inventaire des éléments qui vous stressent. Tentez de résoudre les plus contraignants.
- Ne cherchez pas l'approbation de tous, elle est impossible.
- Rappelez-vous qu'il est impossible d'être parfait.
- Gâtez-vous et faites-vous plaisir.
- Réservez-vous des moments de solitude et d'intimité avec vous-même.
- Créez un environnement physique dans lequel vous vous sentez bien.
- Réglez vos conflits le plus tôt possible.

- Exprimez vos sentiments et vos émotions.
- Soyez capable de dire non et de respecter vos limites.
- Réservez-vous des moments de détente pour pratiquer vos loisirs ou pour relaxer.
- Pratiquez une forme de méditation quotidiennement.
- Ayez une alimentation saine et équilibrée.
- Souriez. La vie et vos relations seront plus agréables.
- Faites de l'exercice par de petits gestes quotidiens: monter l'escalier, marcher, etc.
- Réservez-vous des moments de silence et de calme.
- Vivez chaque instant en vous disant: «Je m'aime donc...»
- Détendez-vous dans un bain chaud chaque soir.
- Soyez en contact avec la nature, source de paix.
- Lâchez prise sur les facteurs que vous ne pouvez contrôler.
- Écoutez-vous. Vous savez instinctivement ce qui est bon pour vous. Faites-le.
- Savourez l'instant présent sans penser à hier ou à demain.
- Respirez profondément et remerciez la vie d'être là!

13. Découvrir sa mission

– Où il est, Dieu?
– Tu voudrais Lui parler ou L'engueuler?
– Je veux savoir pourquoi on meurt.
– [...] Je ne suis pas sûr que même Dieu le sache. Peut-être que tout ce qu'on peut trouver, c'est pourquoi on vit.

Marie Laberge, *Gabrielle*, Montréal, Éditions du Boréal, 2000, p. 358.

Vers la fin de leur deuil, les gens ressentent souvent le besoin de donner une nouvelle direction à leur vie, d'accomplir leur mission personnelle. Mais qu'est-ce qu'une mission personnelle?

La mission personnelle correspond à cet appel qui revient sans cesse. Elle se manifeste par un désir persistant ou une activité qu'on accomplit avec amour, passion et enthousiasme. Elle contribue à donner un sens à la vie.

Plusieurs personnes se plaignent de la vacuité de leur existence. Pourtant, lorsqu'on les interroge sur leurs rêves, sur ce qu'elles aimeraient réaliser si aucune barrière ne leur était imposée, elles ont souvent un projet qui les attire. Cette attraction, parfois accompagnée d'appréhension, leur semble alors inaccessible. Ces personnes ont l'impression qu'elles auraient besoin de plus de temps, de plus d'argent, etc. Il est normal qu'une mission effraie. Pourtant, celui qui s'engage sur la voie de sa mission découvre des forces insoupçonnées et les ressources nécessaires à sa réalisation.

Certains peuvent juger, critiquer, s'opposer ou ridiculiser l'orientation de vie prise par un individu. Souvent, ces personnes sont celles qui ne se permettent pas de vivre leur propre mission personnelle. Le changement des autres les effraie et leur reflète leur situation. Or, la personne qui est à l'écoute de ses aspirations sait s'affranchir du regard des autres.

Vivre sa mission, c'est se consacrer à ce qui nous semble essentiel, sans se disperser dans des futilités. C'est écouter cette idée qui revient sans cesse, en rêve ou éveillé, et qu'on souhaiterait réaliser si on en avait l'audace.

Une perte significative donne souvent aux gens l'audace et la motivation de réaliser leur mission personnelle. Ils prennent conscience de la finitude de la vie et se rendent compte qu'il n'en tient qu'à eux de s'engager dans ce qui leur est cher.

La motivation, la persévérance, l'effort et l'initiative sont nécessaires. Des difficultés sont présentes. Mais, en retour, l'engagement dans sa mission personnelle permet de se réaliser, d'être fier de soi et d'apporter, plus ou moins directement, une contribution sociale. Une mission donne un sens à la vie. Chaque mission s'accompagne d'amour. Si ce n'est déjà fait, qu'attendez-vous pour trouver votre projet personnel et en amorcer sa réalisation?

Il est à noter que dans son livre *À chacun sa mission* (Ottawa, Éditions Novalis, 1999, 201 p.), Jean Monbourquette présente les particularités de la mission personnelle et des moyens pour découvrir son projet de vie.

Exercice: Rédiger sa chronique nécrologique

Dans son livre *Le bonheur au jour le jour**, Alan Epstein propose d'écrire sa chronique nécrologique. Quelle bonne idée pour vérifier si vous êtes en train de réaliser votre mission... ou encore pour vous aider à la définir! En effet, le message que l'on souhaite laisser aux autres après notre mort est le plus représentatif de ce qui nous est cher et prioritaire.

---

* Ce livre a été publié aux Éditions du Roseau; voir aux pages 206 et 207.

1. Pour rédiger cette chronique, pensez aux réalisations dont vous êtes fier. Nous avons tous réalisé des choses qui nous distinguent des autres, des projets que nous avons menés à terme et qui ont contribué à donner un sens à notre vie. Écrivez-les.

✍

2. Maintenant, déterminez ce que vous aimeriez laisser comme image aux gens que vous aimez: vos amis, les membres de votre famille, vos enfants, vos petits-enfants, vos collègues de travail, etc. Quels traits de caractère aimeriez-vous qu'ils se rappellent? Quelles attitudes ou quels comportement souhaitez-vous qu'ils se souviennent? Ces traits de caractère, ces attitudes ou ces comportements correspondent-ils à ce que vous êtes ou à ce que vous faites présentement?

✍

3. Existe-t-il un écart entre vos désirs et la réalité?

✍

À partir de ces informations, vous pouvez écrire votre chronique et orienter votre vie pour que celle-ci soit représentative de vos aspirations. En effet, le message que l'on souhaite laisser aux autres est celui qui doit gouverner notre vie. Il est possible que nos souhaits ne se concrétisent pas dans le quotidien. La personne arrive alors au soir de sa vie avec des déceptions et de l'amertume.

Les gens qui ont vécu une perte savent comment les traces de l'être cher sont importantes pour eux. Ils tentent souvent de poursuivre leur vie en intégrant les qualités appréciées chez la personne décédée. Les autres en feront autant à votre mort. Cet exercice peut donc vous inciter à «devenir meilleur», à faire quelques ajouts dans votre vie et à vous départir de traits de caractère que vous appréciez moins.

Il importe de ne pas se soucier des perceptions des autres. Il se peut que votre environnement ne soit pas d'accord avec ce que vous écrivez. Peu importe, il s'agit de votre chronique. Elle peut être modifiée en tout temps, selon les réalisations qui s'ajoutent.

CONCLUSION

Comment mettre fin à ces quatre saisons du deuil, puisqu'un autre cycle recommence indéniablement, et ce, sans interruption?

Chaque instant est porteur de changement, d'une succession de choix et de renoncements. Tout semble prédestiné à mûrir, à éclore, à se transformer et à mourir.

Les couleurs de l'automne sont parfois plus flamboyantes; certains hivers semblent moins glacials; il existe des printemps où les semences sont plus fécondes et des étés où la lumière prédomine sans cesse sur l'ombre...

Heureusement, chaque cycle saisonnier laisse des traces qui facilitent les cycles subséquents!

TABLE DES MATIÈRES

L'hiver

Le printemps

L'été